CÓDIGO DE CONDUTA

EVOLUÇÃO, ESSÊNCIA E ELABORAÇÃO

LÉLIO LAURETTI
ADRIANA DE ANDRADE SOLÉ

Prefácio
Modesto Carvalhosa

CÓDIGO DE CONDUTA

EVOLUÇÃO, ESSÊNCIA E ELABORAÇÃO

2ª edição revista e atualizada

Belo Horizonte
FÓRUM
CONHECIMENTO JURÍDICO
2022

© 2019 Editora Fórum Ltda.

2022 2ª edição

É proibida a reprodução total ou parcial desta obra, por qualquer meio eletrônico, inclusive por processos xerográficos, sem autorização expressa do Editor.

Conselho Editorial

Adilson Abreu Dallari
Alécia Paolucci Nogueira Bicalho
Alexandre Coutinho Pagliarini
André Ramos Tavares
Carlos Ayres Britto
Carlos Mário da Silva Velloso
Cármen Lúcia Antunes Rocha
Cesar Augusto Guimarães Pereira
Clovis Beznos
Cristiana Fortini
Dinorá Adelaide Musetti Grotti
Diogo de Figueiredo Moreira Neto (*in memoriam*)
Egon Bockmann Moreira
Emerson Gabardo
Fabrício Motta
Fernando Rossi
Flávio Henrique Unes Pereira
Floriano de Azevedo Marques Neto
Gustavo Justino de Oliveira
Inês Virgínia Prado Soares
Jorge Ulisses Jacoby Fernandes
Juarez Freitas
Luciano Ferraz
Lúcio Delfino
Marcia Carla Pereira Ribeiro
Márcio Cammarosano
Marcos Ehrhardt Jr.
Maria Sylvia Zanella Di Pietro
Ney José de Freitas
Oswaldo Othon de Pontes Saraiva Filho
Paulo Modesto
Romeu Felipe Bacellar Filho
Sérgio Guerra
Walber de Moura Agra

Luís Cláudio Rodrigues Ferreira
Presidente e Editor

Coordenação editorial: Leonardo Eustáquio Siqueira Araújo
Aline Sobreira de Oliveira

Rua Paulo Ribeiro Bastos, 211 – Jardim Atlântico – CEP 31710-430
Belo Horizonte – Minas Gerais – Tel.: (31) 2121.4900
www.editoraforum.com.br – editoraforum@editoraforum.com.br

Técnica. Empenho. Zelo. Esses foram alguns dos cuidados aplicados na edição desta obra. No entanto, podem ocorrer erros de impressão, digitação ou mesmo restar alguma dúvida conceitual. Caso se constate algo assim, solicitamos a gentileza de nos comunicar através do *e-mail* editorial@editoraforum.com.br para que possamos esclarecer, no que couber. A sua contribuição é muito importante para mantermos a excelência editorial. A Editora Fórum agradece a sua contribuição.

Dados Internacionais de Catalogação na Publicação (CIP) de acordo com a AACR2

L383c	Lauretti, Lélio Código de conduta: evolução, essência e elaboração / Lélio Lauretti, Adriana de Andrade Solé. 2. ed. rev. e atual.– Belo Horizonte : Fórum, 2022. 216p.; 17cm x 24cm ISBN: 978-65-5518-373-3 1. Governança Pública. 2. Governança Corporativa. 3. Direito Administrativo. 4. Direito Empresarial. I. Solé, Adriana de Andrade. II. Título. CDD 342 CDU 341.3

Elaborado por Daniela Lopes Duarte – CRB-6/3500

Informação bibliográfica deste livro, conforme a NBR 6023:2018 da Associação Brasileira de Normas Técnicas (ABNT):

LAURETTI, Lélio; SOLÉ, Adriana de Andrade. *Código de conduta*: evolução, essência e elaboração. 2. ed. rev. e atual. Belo Horizonte: Fórum, 2022. 216p. ISBN 978-65-5518-373-3.

*Para minha esposa Greice,
por meio século de companheirismo e colaboração.*

Lélio Lauretti

*Para minha mãe: Wilma Moreira de Andrade,
a minha maior referência ética e moral.*

Adriana de Andrade Solé

LISTA DE FIGURAS

Figura 1 – Infográfico: evolução dos códigos de conduta 26
Figura 2 – Mensagem contida no Código de Urakagina 30
Figura 3 – Código de Conduta do Imperador Shun 31
Figura 4 – Código de Ur- Nammu 32
Figura 5 – Código de Eshnunna 33
Figura 6 – Código de Hamurabi 35
Figura 7 – Código de Manu 36
Figura 8 – Tábua com os Dez Mandamentos 38
Figura 9 – Código de Sólon 40
Figura 10 – Confúcio e alguns analectos 41
Figura 11 – O Alcorão e seus dez mandamentos 44
Figura 12 – As nove nobres virtudes dos vikings 45
Figura 13 – *O Martelo das Bruxas* e a demonização da mulher 50
Figura 14 – Código de honra e lealdade dos samurais –
Interpretando os 7 Princípios 52
Figura 15 – Universalidade dos princípios de governança 71
Figura 16 – Evolução de uma boa governança para uma governança baseada
na sociedade civil 73
Figura 17 – Impacto do coronavírus no curto prazo: transversalidade,
resiliência, integridade e sicronicidade 78
Figura 18 – Contexto e estrutura do sistema de governança corporativa 89
Figura 19 – Contexto normativo de boa governança: legalidade e legitimidade 94
Figura 20 – Dezessete objetivos do desenvolvimento sustentável 119

Figura 21 – Etapas básicas na construção de um código de conduta 139
Figura 22 – Síntese das etapas do projeto 142
Figura 23 – Os sete módulos da capacitação sobre código de conduta
e integridade 173
Figura 24 – Os 9 (nove) campos do *compliance* 190
Figura 25 – Evidências de um programa de *compliance*/integridade 191

Gráfico 1 – Porcentagem de empresas que divulgam códigos de condutas 100
Gráfico 2 – O código de ética e conduta da empresa faz referência aos
aspectos regulatórios e de *compliance*? 102
Gráfico 3 – Os executivos seniores revisam e aprovam, anualmente,
o programa de ética e *compliance*? 103
Gráfico 4 – A política e o programa de ética e *compliance* estão
implementados de forma eficiente na empresa com o objetivo
de identificar condutas inadequadas, assegurando a prevenção
e a investigação? 103
Gráfico 5 – O C-level (Chiefs - CEO, CFO, COO etc.), o conselho de
administração e/ou o comitê de auditoria estão informados
apropriadamente sobre o conteúdo e a operacionalização
da política e do programa de ética e *compliance*? 104
Gráfico 6 – Quem preside o comitê de ética e *compliance*? 188
Gráfico 7 – A linha ética/canal de denúncias da sua empresa está disponível
para os públicos interno e externo? 195
Gráfico 8 – Responsável pela gestão do canal de denúncias 196

Esquema 1 – Objetivos e princípios da Declaração Digital de Davos, 2019 77
Esquema 2 – O conselho fiscal, auditorias e *compliance* 91

Fotografia 1 – Salão Dourado da Prefeitura de Estocolmo, Suécia 48

SUMÁRIO

PREFÁCIO
Modesto Carvalhosa 15

APRESENTAÇÃO
POR QUE ELABORAR UM CÓDIGO DE CONDUTA EM NOSSOS DIAS? ...19

CAPÍTULO 1
ORIGEM E DESENVOLVIMENTO 23
    Apresentação 23
1.1   Origem e desenvolvimento..28
1.1.1 A origem da palavra código e a diferença entre princípios, valores e códigos...28
1.1.2 Origem e desenvolvimento dos códigos ao longo do tempo 29
1.2   Os códigos de conduta em nossos dias..58

CAPÍTULO 2
GOVERNANÇA CORPORATIVA NO SÉCULO XXI E OS CÓDIGOS DE CONDUTA..69
    Apresentação 69
2.1   Dimensões de governança, sociedade em rede e os impactos da covid-19 no planeta...71

2.2	O papel dos atores principais da governança corporativa, o foco em resultados e os conflitos de agência	81
2.3	Os princípios da governança, a importância do sistema de fiscalização e controle, *compliance* e códigos de conduta	86
2.4	O contexto normativo da boa governança: a delicada questão legalidade x legitimidade	94
2.5	Código de conduta: contexto atual, eficácia e utilidade	97
2.6	Código de conduta nas empresas brasileiras	100

CAPÍTULO 3

GESTÃO, ÉTICA, GOVERNANÇA E CÓDIGO DE CONDUTA ... 107

	Apresentação	107
3.1	Gestão, ética e governança	107
3.2	Desafios éticos em tempos de transformação digital, covid-19 e Agenda ESG	113
3.2.1	Ética na transformação digital	113
3.2.2	Ética no hiato pandêmico 2020 e 2021: o foco no social, especificamente na questão da saúde	116
3.2.3	Ética e Agenda ESG: risco Greenwashing	118
3.3	Ética e código de conduta	121
3.4	Desvendando a essência do código de conduta	124
3.4.1	Os valores e princípios de governança corporativa pautam os códigos de condutas	124
3.4.2	A ética empresarial é fomentada a partir dos códigos de conduta	124
3.4.3	Internalização dos conceitos do código de conduta se traduzem nas relações externas da empresa	124
3.4.4	A implementação do código de conduta	125
3.4.5	Fatores indispensáveis em um código de conduta	126

3.4.6   Importância de tornar o código de conduta uma ferramenta viva 126
3.5   Modelos de código de conduta 127
3.5.1   Código de princípios 127
3.5.2   Código de relacionamentos 127
3.5.3   Código híbrido (princípios + relacionamentos) 128
3.5.4   Código integrado (tridimensional) 129
3.6   Pontos em comum dos códigos de conduta 131
3.6.1   Apresentação/abrangência 131
3.6.2   O processo de elaboração 131
3.6.3   Objetivos do código 132
3.6.4   Princípios éticos escolhidos e respectivos conceitos 133
3.6.5   Desdobramento de cada princípio em normas de conduta 133
3.6.6   Informação sobre a gestão do código 134
3.6.7   Compromisso de conhecimento e conformidade 134

CAPÍTULO 4
ELABORAÇÃO DE UM CÓDIGO DE CONDUTA 137
        Apresentação 137
4.1   Processo de elaboração e atualização 140
4.2   Etapas do trabalho 142
4.2.1   Primeira reunião do GT 143
4.2.2   Pesquisa interna 147
4.2.3   Montagem da estrutura básica do código 147
4.3   Princípios éticos e normas de conduta 149
        1º Exemplo – Integridade 149
        2º Exemplo – Compromissos com a empresa 152

	3º Exemplo – Compromissos da empresa 153
	4º Exemplo – Equidade 154
	5º Exemplo – Prestação de contas 154
	6º Exemplo – Transparência 155
	7º Exemplo – Respeito pela concorrência 156
	8º Exemplo – Sustentabilidade ambiental 156
	9º Exemplo – Responsabilidade social 157
	10º Exemplo – Solidariedade 157
	11º Exemplo – Valorização do capital humano 158
	12º Exemplo – Relacionamentos construtivos 158
	13º Exemplo – Liderança responsável 159
4.4	Condutas valorizadas na empresa 160
4.5	Condutas inaceitáveis na empresa 161
4.6	Minutas para apreciação da administração 164
4.7	Processo de audiência pública 165
4.8	Minuta final para a administração 165
4.9	Impressão e distribuição – eventos 166
4.10	Características de um bom código de conduta 167

CAPÍTULO 5

GESTÃO DO CÓDIGO DE CONDUTA, COMITÊ DE ÉTICA E PROGRAMAS DE INTEGRIDADE E *COMPLIANCE* 171

	Apresentação 171
5.1	Gestão do código de conduta 172
5.2	Comitê de Ética ou Comitê de Conduta 174
5.2.1	RICE – Regulamento Interno do Comitê de Ética 175

5.2.2   Algumas recomendações suplementares sobre o Comitê de Ética 180
5.2.3   Áreas de atuação do comitê 180
5.2.4   O Comitê de Ética em ação 181
5.2.5   Treinamento do Comitê de Ética 186
5.2.6   Os Comitês de Ética nas práticas das empresas brasileiras 187
5.3   Código de conduta e programas de integridade e *compliance* 189
5.4   Código de conduta e canais de denúncia 193
5.5   A exigência da qualidade e efetividade do código de conduta:
empresa pró-ética, ISO 19.600 e Leis 12.846/13 e 13.303/16 197

CONCLUSÃO
CÓDIGO DE CONDUTA: A PONTE ENTRE A ÉTICA E A EMPRESA 203
Código de conduta *versus* Banalidade do mal 207

REFERÊNCIAS 211

PREFÁCIO

As empresas são, atualmente, o ramo de atividades com maior poder de influência nas grandes transformações que ocorrem em nossa sociedade. Deve-se essa capacidade ao fato de serem, no conjunto, as maiores geradoras de empregos no mundo, maiores investidoras de recursos em pesquisa e desenvolvimento científico, além do poder político que exercem sobre os governos e sua incomparável aptidão para distribuir ou concentrar riquezas. Temos hoje exemplos de megaempresas cujo valor de mercado supera o PIB de vários países, não raro com larga margem.

São as empresas e, especialmente, as grandes corporações uma das heranças que nos legou o século XX, um período histórico de enormes progressos alternados com verdadeiras catástrofes. Podemos listar, no primeiro grupo, as significativas conquistas ocorridas no campo dos direitos humanos; uma crescente opção pela transparência com seus desdobramentos na progressiva redução da corrupção na política e nos negócios; o reconhecimento definitivo de que os danos ao meio ambiente são fruto da atividade do homem e as saudáveis reações que daí emergiram, na luta pela sustentabilidade; os maravilhosos progressos da medicina, dos quais um dos frutos mais admiráveis é a duplicação de nossa expectativa de vida em um século; fechando com chave de ouro, a criação da internet e das redes sociais – promotores do mundo à fase da comunicação global. Na direção oposta, não se pode deixar de registrar milhões de mortos em duas grandes guerras mundiais, numa segunda guerra entre China e Japão; um impiedoso expurgo de "inimigos políticos" na Rússia, um gravíssimo erro estratégico de Mao Tsé-Tung, que custou a vida de mais de trinta milhões de camponeses chineses, forçados a abandonar a agricultura para produzir aço. Lance-se a débito desse mesmo período a criação de uma hegemonia cultural e econômica de um único país (Estados Unidos) sobre o resto do mundo, situação que apenas em nossos dias sugere alguns sinais de contestação e concorrência por países como a China e a Índia, que somam quase metade da população mundial!

O século XXI nos acena com tempos melhores, em que podemos repetir os bons feitos do século anterior sem cometer os seus lamentáveis equívocos. Começamos com uma situação absolutamente inédita na história da humanidade, que é um mundo conectado pela internet, fato do qual, seguramente, resultarão mudanças profundas de natureza econômica e, mais ainda, cultural, sem hegemonias, sem ameaças de guerras globais, tendo em vista que se está criando uma autêntica maioria – a das pessoas de bem. No terreno da atividade empresarial, aproveitamos os avanços da gestão empresarial para, com a adição de princípios éticos, chegar à governança corporativa. Se, no estágio anterior, valiam os princípios técnicos e se produziam empresas do mais alto grau de eficiência, produtividade e rentabilidade, sob a égide da governança corporativa passa-se a discutir o papel das empresas na sociedade, sua missão, sua visão e seus valores, bem como sua indispensável e decisiva contribuição para o bem comum, consolidando-se, dessa forma, a transição da sociedade pautada pela economia, para outra, orientada pela ética.

O principal instrumento para a implantação de uma cultura ética nas empresas ou organizações não empresariais é o código de conduta, que converte princípios éticos em recomendações objetivas de fazer e não fazer. Este livro tem foco nesse instrumento, em primeiro lugar, sob uma perspectiva histórica espelhada em uma pesquisa que abrangeu 5.000 anos. Em segundo lugar, examina as interligações entre o código e a própria governança corporativa, bem como com as políticas ou programas de integridade, aquelas espontâneas e estes impostos por regulamentos. Em terceiro lugar, oferece sugestões objetivas quanto à própria elaboração do código, a partir da proposta de que seja preferivelmente um projeto interno, não terceirizado, a ser desenvolvido por um grupo de trabalho formado por representantes de vários setores da organização que tenham um tempo razoável de trabalho, suficiente para adquirir um bom conhecimento da cultura interna. Cuida-se, também, de um fator indispensável para o êxito da iniciativa, ou seja, a gestão do código.

Trata-se, portanto, de mais uma contribuição – importantíssima – construída por dois ilustres professores e militantes da governança corporativa, para a semeadura dos princípios éticos em uma sociedade sedenta de transparência e da justiça social.

Modesto Carvalhosa

APRESENTAÇÃO

POR QUE ELABORAR UM CÓDIGO DE CONDUTA EM NOSSOS DIAS?

O código de conduta tem objetivos muito mais amplos do que simplesmente estabelecer normas de conduta aceitas ou rejeitadas pela organização. É o instrumento por excelência para que se implante uma "cultura ética", ou seja, um ambiente em que a "opção pelo bem" se converta no comportamento natural e espontâneo de todos, sejam administradores ou colaboradores. Dentre esses objetivos adicionais, destacamos:

a) valorizar o trabalho em parceria;

b) oferecer uma visão de conjunto de todas as atividades exercidas pela empresa, com vistas à melhoria de resultados;

c) estabelecer formas de administrar conflitos;

d) enfatizar a importância e necessidade de contínuo aprimoramento cultural e profissional de todos os envolvidos;

e) incentivar o relacionamento construtivo com outras entidades, inclusive concorrentes;

f) elevar o nível de confiança nas relações internas e externas;

g) servir de referência para a avaliação e, se for o caso, punição de eventuais violações das normas de conduta consagradas pelo código;

h) preservar a imagem e a reputação da empresa, como valores indispensáveis para um relacionamento de alto nível com todos os parceiros, como fornecedores, clientes, credores, investidores, autoridades, e comunidades – no plano externo – e com seus próprios administradores e empregados, no interno;

i) orientam as pessoas a agirem pelas coisas e causas certas, tornando o comportamento ético e probo um hábito e característica da cultura empresarial;

j) fornece o orgulho de pertencer a um grupo ou a uma causa.

Apresentamos nesta obra os **3 "Es" sobre Código de Conduta**: **EVOLUÇÃO** – suas diversas fases ao longo do tempo e a necessidade de constante atualização periodicamente; **ESSÊNCIA** – o reconhecimento de que o Código de Conduta é a ponte entre a Ética e a Organização; alma dos códigos, o que nunca pode ser negligenciado e sempre identificado; e **ELABORAÇÃO** – como fazer um código de conduta que cumpra o propósito de criar uma cultura ética e inspire e direcione as organizações atuais.

Nesta 2ª edição, além de atualizarmos todos os gráficos e pesquisas presentes no texto básico, acrescentamos:

- o Código de Conduta e Honra dos Vikings, criando um contraponto positivo sobre a visão da mulher na sociedade, do Código de Manu, na Índia, ao Martelo das Bruxas, na Europa;
- os princípios éticos que estão regendo a transformação digital;
- a delicada e importante questão da legalidade x legitimidade dos códigos de conduta empresarial;
- a análise sobre o impacto da pandemia de covid-19 no mundo corporativo, principalmente nos setores ligados à saúde e nos códigos de conduta;
- a importância dos códigos de conduta na transformação digital e Agenda ESG.

Os Autores

CÓDIGO DE CONDUTA

EVOLUÇÃO, ESSÊNCIA E ELABORAÇÃO

CAPÍTULO 1

ORIGEM E DESENVOLVIMENTO

Apresentação

Objetivamos neste capítulo inicial mostrar a antiguidade dos códigos de conduta e que as tradições religiosas e culturas cívicas sempre possuíram códigos em seus fundamentos. Enquanto "Os Dez Mandamentos", por exemplo, são considerados a pedra angular do Judaísmo, Cristianismo e Islã, o *The Sun King, Book of Historical Documents* é considerado a base sagrada das três religiões orientais: Confucionismo, Taoísmo e Budismo. Muito mais que obrigações, os códigos, em sua maioria, capturam uma visão de excelência do que indivíduos e sociedades devem se esforçar para alcançar. São termos de referência baseados em princípios.

Apresentamos o item 1.1 em forma de infográfico, com a linha do tempo fazendo uma retrospectiva dos códigos cobrindo um período de 5000 anos, durante os quais diferentes povos, em diferentes épocas, mostraram preocupação com o estabelecimento de normas de conduta que evidenciassem o contínuo progresso da humanidade em direção a um relacionamento entre pessoas e povos orientado por confiança, respeito, solidariedade, transparência e equidade.

No item 1.2, mostramos o desenvolvimento dos códigos de conduta até o final do século XX, explicando que inicialmente traduziam um conceito de "elite" – tradicionalmente aplicado aos grupos dominantes de qualquer natureza (dinastias, poder militar, instituições religiosas e, mais recentemente, econômicas) – e que foram se reconfigurando, para dar lugar à verdadeira "elite", desta vez formada por todas as pessoas de bem, em qualquer classe social. Esse processo foi e tem sido alimentado pela globalização da informação, buscando converter o mundo em uma comunidade global, em que propostas como "interesses coletivos" e "prioridade para o social" possam encontrar campo para florescer e se impor. Estamos, assim, no caminho de duas enormes conquistas na história da civilização: nivelar a cultura mundial "por cima" e permitir que, pela primeira vez, a maioria (número) seja a maioria (poder de decisão)!

Destacamos a diferença entre as essências dos códigos de países ocidentais e dos países do extremo oriente, notadamente China e Japão. Os primeiros nasceram numa base mais legalista e normativa, focados em direitos, enquanto os segundos se caracterizaram pelo estímulo às virtudes humanas como honra, lealdade, respeito, bravura, justiça, entre outras.

Criamos um contraponto sobre a visão da mulher na sociedade com a introdução do *Código de Honra dos Vikings*, que de forma surpreendente apresentava prerrogativas ao gênero totalmente diferentes da situação imposta pelo Código de Manu, na Índia, e o Martelo das Bruxas, na Europa.

Esta retrospectiva, além de apresentar as características dos códigos de conduta do século XXI, evidencia o poder de influência deles nas boas práticas de governança corporativa e nos programas internacionais de integridade organizacional, pontuando em sua parte final os principais impactos da covid-19 no planeta e a importância do resgate e da redefinição da ética e seus princípios como chave para o futuro digital e nas pesquisas relacionadas à área da saúde planetária.

EVOLUÇÃO DOS CÓDIGOS DE CONDUTA

de 2450 a.C. a 2021

Figura 1 – Infográfico: evolução dos códigos de conduta

EVOLUÇÃO DOS CÓDIGOS DE CONDUTA

Mundo Antigo
2450 a.C. a 49 d.C.

2450 a.C. — Estela de Abutres, Suméria: tratado diplomático mais antigo registrado.

2350 a.C. — Código de Urakagina, Mesopotâmia: primeiro registro de concepção da ideia de liberdade.

2225 a.C. — Código de Conduta do Imperador Shun, China: base do livro sagrado das religiões chinesas Confucionismo, Taoísmo e Budismo.

2040 a.C. — Código de Ur-Nammu, Suméria: origem da indenização e da escrita em forma sentencial condicional.

1930 a.C. — Código de Eshnunna, Iraque: previa a interferência do poder real no domínio da economia.

1870 a.C. — Código de Ishtar de Sum... manifestaç... autoprom...

Idade contemporânea — 1570 até hoje

1487 — Malleus Maleficarum, Alemanha: um dos códigos mais obs... nocivos da histór... serviu de base pa... condenação e m... milhares de mulh... (crenças sobre br... via queimação e ... em praça pública...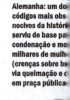

1510 a 1563 — Reforma Protestante x Concílio de Trento, Europa.

1603 a 1863 — Bushido, Japão: código de honra e conduta dos guerreiros Samurais, enfatizando como valores e princípios coragem, honra, fidelidade, benevolência, decoro, frugalidade, reverência, lealdade e piedade filial.

1789 — Declaração dos direitos do Homem e do Cidadão da França.

1807 — Código civil francês, Napoleão Bonaparte: código baseado em três pilares: propriedade, contrato e responsabilidade civil.

1873 — Código Alemão, caracterizado pela perfeição técnica, refletindo o panorama socioeconômico da época.

Século XX — Proliferação dos códigos de condutas das profissões e principais referências aos direitos humanos pós-guerra

1947 — Código de Nuremberg: conjunto de preceitos éticos para a pesquisa clínica, baseados nos crimes cometidos pelos médicos nazistas nos campos de concentração.

1948 — Declaração Universal dos Direitos Humanos, pela ONU.

1964 — Código de Helsinki: código de ética obrigatório para pesquisadores clínicos.

1979 — Código de Conduta das Nações Unidas, para seus funcionários.

1992 — Relatório Cadbury, Inglaterra: considerado o primeiro código de boas práticas de governança corporativa.

1995 — Primeiro código de boas práticas de governança corporativa do Instituto Brasileiro de Governança Corporativa, Brasil.

1999 — Código de boas práticas de governança corporativa para os países membros da OCDE.

Século XX — Códigos focados na governança gl... e blocos econômi... e baseados fortem... no combate internacional à corrupção

de 2450 a.C. a 2021

1780 a.C. — **Código de Hamurabi**, Mesopotâmia: consolidou a tradição jurídica, harmonizou os costumes e estendeu o direito e a lei a todos os súditos. Traz preocupações em relação às fraudes de processos judiciais.

1300 a.C. — **Código de Manu**, Índia: estabeleceu o sistema de castas na sociedade hindu e passou a ser a base da legislação indiana.

1230 a.C. até 960 a.C. — **Pentateuco/Torah**, Palestina: Antigo Testamento da Bíblia, instruía e regulamentava a conduta ética, pessoal, social e religiosa dos judeus, sintetizado nos Dez Mandamentos.

621 a.C. — **Código de Drácon**, Grécia: primeiro código a diferenciar homicídio involuntário e legítima defesa. Famoso por sua crueldade, que via em toda a falta uma ofensa à divindade.

594 a.C. — **Código de Sólon**, Grécia: introduziu o testamento e determinou que as normas e leis fossem aplicadas a todos os gregos. Aboliu a escravidão por dívidas e proibiu os homens de vender filhas e irmãs.

551 a.C. até 479 a.C. — **Confúcio**, China: código de conduta que pregava o respeito aos ancestrais e à vontade Divina. Seus ensinamentos retratavam uma moral de conduta que exortava o esforço constante para cultivar a própria pessoa e estabelecer, assim, a harmonia no campo social.

Era cristã/Idade Média: 50 d.C. a 1563 d.C.

93 a 1066 — **Código dos Vikings**, baseado em virtudes que moldaram a cultura e conduta desta civilização.

650 — **Alcorão**, Meca, Mundo Árabe: conjunto de preceitos e recomendações éticas e morais do profeta Maomé, que direcionam o mundo árabe e islâmico.

529 — **Codex Justinianus/Corpus Iuris Civilis**, Império Bizantino: primeiro registro sistemático do direito romano.

476 — **Europa**: regras de conduta dos senhores e cavaleiros feudais.

100 d.C. — **Novo Testamento** da igreja cristã.

450 a.C. — **Lei das XII Tábuas**, Itália: normas do direito público, do direito privado e do direito processual.

2001 — **OE**: inventário dos códigos de conduta voluntários de empresas transnacionais dos países membros. **ONU**: código de conduta corporativa e autorregulação da economia global.

2003 — **ONU**: código de conduta para servidores públicos. U. N. *Conventions against Corruption*.

2007 — **Código de condutas** para os países-membros da União Europeia.

2013 — **Lei 12.846, Brasil**: Lei Anticorrupção, que considera a existência de código de conduta formalizado na empresa um instrumento de mitigação de pena.

2016 — **Lei 13.303, Brasil**: Lei de Governança das Estatais e Sociedades de Capital Misto, que obriga e especifica o que deve conter um código de conduta empresarial.

2017 — **Código Brasileiro de Governança Corporativa**, que além de evidenciar a importância dos códigos de conduta em empresas de capital aberto, especifica os itens que o mesmo deve abranger.

2018 — **Instrução 586 da CVM** obriga as empresas listadas na bolsa brasileira a divulgarem o estágio e detalhes dos seus códigos de conduta.

2021 — Pandemia, Declaração digital Davos e Agenda ESG.

Fonte: Lelio Lauretti & Adriana Solé. Fonte: Código de conduta: Evolução, essência e elaboração. Editora Fórum, 2022.

1.1 Origem e desenvolvimento

1.1.1 A origem da palavra código e a diferença entre princípios, valores e códigos

No latim primitivo, *caudex*[1] ou *codex* queria dizer tábua, prancha de madeira. A origem do termo remete ao material em que se escreviam as regras, passando a significar a *coleção* dessas regras ou normas.

A coleção é uma simples reunião de materiais dispersos, agrupados com certa ordem, no intuito de facilitar a consulta e o uso. O conceito de *código* ultrapassa esse entendimento. Representa um sistema homogêneo, unitário, racional e aspira a uma construção lógica e completa, alicerçada em princípios aplicável a todas as realidades que precisam ser disciplinadas.

O código reúne, em um só texto, disposições relativas a uma ordem de interesse. É uma composição harmônica, em que as diferentes partes se entrelaçam, se complementam. As partes que compõem um código desenvolvem uma atividade solidária, há uma interpenetração nos diversos segmentos que o integram, daí dizer-se que os códigos possuem organicidade. E, como todo organismo, fica velho, desatualizado, precisando ser modernizado para corresponder à atualidade e acompanhar as mudanças mais significativas.

A característica que nos chama a atenção é que um código interpreta e concretiza os princípios à luz do ideário vigente, em cada época histórica, nas diferentes culturas ou civilizações. E para atender o seu objetivo precisa ser aplicado e, portanto, expressamente declarado e divulgado.

Isso posto, entendemos que Princípios são mandamentos que inspiram um sujeito a adotar determinado comportamento de acordo com aquilo que a sua consciência lhe diz. São interpretados e compartilhados através de valores, que, por sua vez, orientam códigos, provocando a coesão das atitudes humanas em determinada direção.

Os Princípios inspiram, os valores humanizam e os códigos operacionalizam.

---

1 Caudex, verbete. Disponível em: http://www.priberam.pt/DLPO/.

1.1.2 Origem e desenvolvimento dos códigos ao longo do tempo

Foram os povos da Mesopotâmia, segundo E. A. Speiser,[2] que nos deixaram como legado os primeiros textos criptografados esculpidos em estelas. A simples transmissão oral da cultura passou a ser insuficiente para a preservação da memória e identidade dos primeiros povos urbanos, já que possuíam uma estrutura religiosa, política e econômica bem definida e complexa. Inicialmente, os códigos objetivaram a transmissão às futuras gerações dos costumes de conduta, evoluindo para registro histórico. Com o passar do tempo, passaram a representar um mecanismo legal de limitação dos poderes dos sacerdotes, dos altos funcionários públicos, estabelecendo meios concretos de justiça social, através da qualificação de condutas necessárias que possibilitariam uma vida mais digna aos cidadãos.

O primeiro registro que se tem notícia é o **Estela de Abutres,** encontrado na **Suméria**, datado de **2450 a.C**. Foi encomendado pelo rei Lagash como comemoração da sua vitória sobre a cidade Oumna. Traz indícios de como os sumérios consideravam a relação com o Estado e com os deuses. É considerado o mais antigo tratado diplomático conhecido, uma vez que tratava do acordo de paz entre as cidades de Lagash e Oumna e qualificava os direitos de irrigação entre as duas comunidades. Fragmentos deste código são expostos atualmente no Museu do Louvre em Paris, França.

As primeiras codificações de normas jurídicas aparecem em **2350 a.C.** com **o Código de Urakagina**, Mesopotâmia, que buscava liberdade e igualdade. Iniciava a ideia de conceber uma base legal, a justiça, como justificativa de possibilitar uma vida com mais dignidade aos cidadãos e também limitava o poder dos sacerdotes e grandes proprietários de terras, estabelecendo meios concretos de justiça social, pela garantia, entre outros, de direitos aos cegos, pobres e viúvas. Dispunha sobre usura, roubos, mortes, etc.

---

2 SPEISER, E. A. Cunneiform law and the history of civilization. *American Philosophical Society Proceedings*, v. 107, n. 6, 1963.

Figura 2 – Mensagem contida no Código de Urakagina

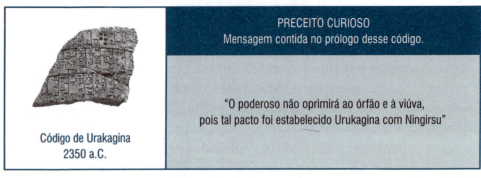

Fonte: Elaboração dos autores com base em KRAMER, Samuel Noah. *The Sumerians: their history, culture, and character*. Chicago: University of Chicago Press, 1971.

Samuel Noah Kramer,[3] especialista em história e linguagem suméria, considera o Código de Urakagina como um dos mais preciosos documentos de combate à tirania e opressão do poder na história humana, em todos os sentidos, e também como o primeiro registro de concepção da ideia de liberdade, pela palavra *amargi*, epistemologicamente definida como o "retorno para a mãe".

No extremo oriente, por volta de **2255 a.C., na China** é compilado o *The Sun King*: *Book of Historical Document*, segundo LEGGE,[4] considerado o mais clássico e antigo registro chinês, contendo uma série de documentos de várias dinastias. É reconhecido por muitos historiadores como a base do livro sagrado das religiões chinesas: Confucionismo, Taoísmo e Budismo.

O Imperador Shun é considerado o último dos imperadores sagrados chineses, responsável pelas primeiras ordenações administrativas e burocráticas, legais, políticas e sociais do império chinês. Popularmente conhecido como o imperador do "lápis falante", imortalizou através da escrita o respeito e a reverência aos ancestrais, como marca forte da

---

[3] KRAMER, Samuel Noah. *The Sumerians*: their history, culture, and character. Chicago: University of Chicago Press, 1971.
[4] LEGGE, James (Translator). *The SHU King, or book of historical documents*: the sacred books of China. Oxford: The Clarendon Press, 1879.

sociedade chinesa, em que prestar oferendas, sacrifícios e orações consiste não só numa forma de se honrar a memória dos familiares, como também zelar pelos vivos através do respeito filial.

Em suas páginas finais, é descrita toda a abrangência do código de conduta da época, na figura a seguir sintetizada:

Figura 3 – Código de Conduta do Imperador Shun

CÓDIGO DE CONDUTA

"O Mestre disse:
Para ensinar ao povo a afeição e amor, nada melhor do que ensinar o respeito aos pais e antepassados, Para ensinar ao povo o respeito, a adequação e a submissão, nada melhor que ensinar o dever fraterno, Para alterar o seu modo de vida e costume, nada melhor do que a Música, Para assegurar o descanso e a ordem superior, nada melhor do que as regras de correção e da decência, baseadas no princípio da reverência e respeito:

- reverência e respeito dos filhos pelos pais;
- reverência e respeito dos irmãos mais novos aos mais velhos;
- reverência e respeito dos cidadãos aos governantes, sem esquecer que a reverência e o respeito prestados a um homem fazem milhares de homens satisfeitos."

Imperador Shun
2255 a.C.

Fonte: Elaboração dos autores com base em LEGGE, James (Translator). *The SHU King, or book of historical documents: the sacred books of China*. Oxford: The Clarendon Press, 1879.

É interessante observar traços deste último tópico do Código de Conduta do Imperador Shun nas sobreviventes monarquias atuais, nas quais o respeito a uma imagem serena e representativa da história e valores serve como égide da cultura e coesão de princípios nacionais, independentemente da situação política vigente. Somos testemunhas do carinho e respeito dos ingleses e espanhóis pelas respectivas famílias reais e a reverência do povo japonês pela imagem do imperador.

The Sun King termina com a citação: "Os serviços de amor e reverência aos parentes quando vivos, e aqueles de dor e tristeza para eles, quando mortos, cumprem plenamente o dever fundamental dos homens vivos. As reivindicações justas da vida e da morte ficam satisfeitas e as obrigações dos filhos terminadas".

Voltando à Suméria, cerca de 2040 a.C., surge no Código de Ur-Nammu[5] a origem da indenização e da escrita em forma sentencial condicional, cujo racional pode ser assim exemplificado: "se alguém fizer isso, será penalizado com aquilo". Fato básico que transformou em leis os costumes antigos e enfatizou penas pecuniárias para delitos diversos, em vez de penas talianas.

Figura 4 – Código de Ur- Nammu

Código de Ur-Nammu
2040 a.C.

PRECEITOS CURIOSOS

- "Se um homem comete assassinato, deve ser morto";
- "Se um homem comete roubo, deve ser morto";
- "Se um homem viola o direito de outro de deflorar sua mulher, este poderá matar o violentador."
- "Se a esposa de um homem o abandona e dorme com outro, ela deve ser escravizada e ele libertado".
- "Se um homem deflora, à força, a escrava de outro, deve pagar 5 moedas de prata".
- "Se um homem, com um soco, arranca o dente de outro, pagará 2 moedas de prata".
- "Se um homem se divorcia de sua primeira esposa, pagará a ela uma moeda de prata".

Fonte: Elaboração dos autores com base em DIAMOND, A. S. *Primitive law*: past and present. Londres: Routledge Library Editions, 2004.

---

5 DIAMOND, A. S. *Primitive law*: past and present. Londres: Routledge Library Editions, 2004.

O *Código de Ur-Nammu* não era exatamente um conjunto de leis voltado a regular todas as atividades dos homens, mas apenas um conjunto de sentenças com o objetivo de regular casos excepcionais. O "código" fala sobre crimes, tais como fuga de escravos, adultério e falso testemunho, que eram punidos na sua maioria por multas.

O *Código de Eshnunna*,[6] 1930 a.C., encontrado no Iraque, tratava de variadas temáticas, incluindo um sistema de cortes de julgamento, funcionamento do reino, do palácio, escravidão, casamento e divórcio. Previa a interferência do poder real no domínio econômico, para coibir alta dos preços dos alimentos. A maioria das penas era pecuniária e apenas três, penais: crimes sexuais, assaltos e roubos.

Figura 5 – Código de Eshnunna

Código de Eshnunna 1930 a.C.	**PRECEITOS CURIOSOS**
	"Se um barqueiro é negligente e deixa afundar o barco, ele responderá por tudo aquilo que deixou afundar."
	"Se um cidadão que não tem o menor crédito sobre outro conserva, no entanto, como penhor, o escravo desse cidadão, o proprietário do escravo prestará juramento diante de Deus: 'Tu não tens o menor crédito sobre mim'; então, o dinheiro correspondente ao valor do escravo deverá ser pago por aquele que com ele está."
	"Se um homem toma por mulher a filha de um cidadão sem pedir consentimento dos pais da moça, e não concluiu um contrato de comunhão e casamento com eles, a mulher não será sua esposa legítima, mesmo que ela habite um ano na sua casa."
	"Se um cidadão dá os seus bens em depósito a um estalajadeiro, e se a parede da casa não está furada, o batente da porta não está partido, a janela não está arrancada, e se os bens que ele deu em depósito se perdem, o estalajadeiro deve indenizá-lo."

Fonte: Elaboração dos autores com base em YARON, Reuven. *The Laws of Eshnunna*: Londres: Brill Academic Publishers, 1988, p. 19-20.

---

6   YARON, Reuven. *The Laws of Eshnunna*: Londres: Brill Academic Publishers, 1988, p. 19-20.

O Código de Lips Ishtar de Isin, 1870 a.C., estabeleceu o direito nas regiões da Suméria e Acádia. Escrito em placa de argila, o seu prólogo é um exemplo de como as normas eram manifestações de autopromoção real: "Eu sou o rei, o bem-criado, de boa semente por parte de mãe, o filho do divino Enlil". Dispunha de regras como: "Se um homem invade a plantação de outro e rouba-lhe grãos, pagará 10 moedas de prata"; "Se um homem se casa com uma mulher e ela lhe dá filhos vivos, e se uma escrava dá a luz a filhos vivos de seu Senhor, o filho da escrava não dividirá quarto com o filho da mulher".

O mais importante registro do mundo antigo, que unificou toda a Mesopotâmia, é o Código de Hamurabi, 1780 a.C. O legislador babilônico consolidou a tradição jurídica, harmonizou os costumes e estendeu o direito e a lei a todos os súditos. Seu código estabelecia regras de vida e de propriedade, apresentando leis específicas, sobre situações concretas e pontuais. As normas tinham efeito concreto, parecendo mais sentenças do que leis. Encontram-se nesse Código registros de direitos e obrigações dos profissionais de medicina.

Mesmo havendo sido formulado há cerca de 4000 anos, o Código de Hamurabi[7] apresenta algumas tentativas primeiras de garantias dos direitos humanos.

---

7 SASSOON, John. *Ancient laws and modern problems*: the balance between justice and a legal system. Intellect Books, 2005. p. 168.

Figura 6 – Código de Hamurabi

Código de Hamurabi
1780 a.C.

TRECHOS SELECIONADOS
"...Para que o forte não prejudique o mais fraco, a fim de proteger as viúvas e os órfãos, ergui a Babilônia...para falar de justiça a toda a terra, para resolver todas as disputas e sanar todos os ferimentos, elaborei estas palavras preciosas..." **(retirado do Epílogo do Código de Hamurabi).**
"Se alguém trouxer a acusação de um crime frente aos anciões, e este alguém não trouxer provas, se for pena capital, este alguém deverá ser condenado à morte."
"Se um homem tomar uma mulher como esposa, mas não tiver relações com ela, esta mulher não será esposa dele".
"Se a esposa de alguém for surpreendida em flagrante com outro homem, ambos devem ser amarrados e jogados dentro d'água, mas o marido pode perdoar a sua esposa, assim como o rei perdoa a seus escravos."
"Se um filho espanca seu pai, terá suas mãos decepadas."
"Se um médico trata alguém de uma grave ferida com a lanceta de bronze e o mata, ou lhe abre uma incisão com a lanceta de bronze e o olho fica perdido, terá suas mãos cortadas".

Fonte: Elaboração dos autores com base em SASSOON, John. *Ancient laws and modern problems*: the balance between justice and a legal system. Intellect Books, 2005. p. 168.

A leitura do Código Hamurabi traz algumas possibilidades de entendimento das características organizativas da civilização, como o indício da preocupação em relação às fraudes de processos judiciais, à responsabilidade ao extremo da pena capital pela instituição, à legitimação da escravidão, com a possibilidade de venda de mulher e filhos.

Em 1300 a.C., na Índia, estabelecendo o sistema de castas da sociedade hindu, o Código de Manu[8] passou a ser a base da legislação Indiana.

---

8   CARDOSO, Isabel Cristina da Costa. *Código de Hamurabi, Código de Manu e Lei das XII Tábuas*. 3. ed. São Paulo: EDIPRO, 2011.

É parte de uma coleção de livros bramânicos, enfeixados em quatro compêndios: o *Mahabharata*, o *Ramayana*, os *Puranas* e as Leis Escritas de Manu. Redigidas em forma poética e imaginosa, as regras são expostas em versos. Cada regra corresponde a dois versos cuja metrificação, segundo os Indianos, teria sido inventada por um santo eremita chamado Valmiki.

Figura 7 – Código de Manu

REGRAS SELECIONADAS
"A alma é sua própria testemunha, a alma é seu próprio asilo; não desprezeis nunca vossa alma, essa testemunha por excelência dos homens"
"Por toda parte em que a justiça é destruída pela iniquidade, a verdade pela falsidade, sob os olhos dos juízes, eles são igualmente destruídos."
"Justiça é o único amigo que acompanha os homens depois da morte; porque qualquer outro afeto é submetido à mesma destruição que o corpo."
"As orações nupciais são destinadas somente às virgens e nunca, neste mundo, àquelas que perderam a virgindade; porque tais mulheres são excluídas das cerimônias legais"
"O homem que, por orgulho, macula violentamente uma rapariga pelo contato de seu dedo, terá dois dedos cortados imediatamente, e merece, além disso, uma multa de seiscentos panas."
"Se uma mulher, orgulhosa de sua família e de suas qualidades, é infiel ao seu esposo, que o rei a faça devorar por cães em um lugar bastante frequentado."

Código de Manu
1300 a.C.

Fonte: Elaboração dos autores com base em CARDOSO, Isabel Cristina da Costa. *Código de Hamurabi, Código de Manu e Lei das XII Tábuas*. 3. ed. São Paulo: EDIPRO, 2011.

Fortíssimo e duro para o gênero feminino, O Código de Manu descrevia preceitos do tipo: "Mesmo que a conduta do marido seja censurável, mesmo que este se dê a outros amores, a mulher virtuosa deve reverenciá-lo como a um deus. Durante a infância, uma mulher deve depender de seu pai, ao se casar, de seu marido, se este morrer, de seus filhos, e se não os tiver, de seu soberano. Uma mulher nunca deve governar a si própria".

No período que se inicia aproximadamente em 1230 e vai até 960 a.C., o principal registro é o Pentateuco, nome pelo qual, tradicionalmente, se conhece o grupo dos cinco primeiros livros do Antigo Testamento: Gênesis, que significa "origem"; Êxodo, que significa "saída"; Levítico, relativo aos "levitas"; Números, "conta" ou "censo"; Deuteronômio, "segunda Lei". Os judeus designam, por sua vez, esses livros com o título genérico de Torah, termo hebraico que, apesar de ter sido traduzido de forma habitual por "lei", na realidade, tem um significado mais amplo, com maior propriedade: a de "guiar", "dirigir", "instruir" ou "ensinar" (Deuteronômio 31, 9-13). Característica essencial do Pentateuco (ou Torah) é a alternância de seções narrativas com outras dedicadas a instruir o povo de Israel a regulamentar a sua conduta, tanto na ordem ética pessoal e social como, muito especialmente, na religiosa.

Encontrado sob a forma de citação no Antigo Testamento em Êxodo 20,3-17 e repetidos em Deuteronômio 5,7-21, conhecidos também como "Dez Falas" ou "Dez Ditos" ou "Dez Mandamentos", estão dez princípios que incluem toda a Torah e seus 613 preceitos, cuja síntese dispomos a seguir:

Figura 8 – Tábua com os Dez Mandamentos

Pentateuco
Dez Falas ou Dez Mandamentos

DEZ MANDAMENTOS

1. Eu sou o Senhor, teu Deus, que te libertou da terra do Egito, da casa da servidão.

2. Não terás outros deuses diante de minha presença. Não farás para ti imagem esculpida, nem nada semelhante ao que há nos céus acima, ou na terra embaixo. Não te prostrarás diante deles nem os servirás; pois Eu Sou o Senhor, teu Deus – um Deus zeloso, que visita as iniquidades dos pais nos filhos, até a terceira e quarta geração dos que me aborrecem. Mas mostrarei bondade para centenas de gerações àqueles que Me amarem e cumprirem Meus mandamentos.

3. Não jurarás pelo nome do Senhor teu Deus em juramento vão; pois Deus não absolverá ninguém que use Seu nome em vão.

4. Lembra-te do dia de Shabat, para santificá-lo. Por seis dias deverás trabalhar e cumprir todas tuas tarefas, mas o sétimo dia é Shabat de teu Deus; não deves fazer nenhum trabalho – tu, teu filho, tua filha, teu servo, tua serva, teu animal, e o peregrino que estiver dentro de teus portões – pois em seis dias Deus fez os cues, a terra, o mar e tudo que neles está, e Ele descansou no sétimo dia. Por isso abençoou o dia de Shabat, e o santificou.

5. Honrarás teu pai e tua mãe, para que se prolonguem teus dias sobre a terra.

6. Não matarás.

7. Não adulterarás.

8. Não furtarás.

9. Não dirás falso testemunho contra o teu próximo.

10. Não cobiçarás a casa do teu próximo, não cobiçarás a mulher do teu próximo, e seu servo, e sua serva, e seu boi, e seu asno, e tudo o que seja teu próximo.

Fonte: Elaboração dos autores com base em Ellisen, Stanley. Conheça melhor o Antigo Testamento: um guia com esboços e gráficos explicativos dos primeiros 39 livros da Bíblia. São Paulo: Editora Vida, 2007

Na Grécia, em 621 a.C., aparece o Código de Dracón,[9] famoso por sua crueldade, cujas leis eram ditadas por uma religião implacável, que via em toda a falta uma ofensa à divindade, que constituía um crime irremissível. Foi o primeiro código a diferenciar homicídio involuntário e legítima defesa. Na legislação de Drácon, tanto o furto como o assassinato recebiam a mesma pena: a morte.

Dêmades, político ateniense do século IV, certa vez proclamou: "as leis de Drácon foram escritas com sangue e não com tinta".

Também na Grécia, em 594 a.C., aconteceu uma grande revolução social, traduzida pelo Código de Sólon,[10] que além de introduzir o testamento, determinou que as normas e leis eram aplicáveis a todos. Aboliu a escravidão por dívida e proibiu os homens de vender filhas e irmãs. Também deu um abrandamento no código penal de Drácon. Segundo a nova lei, o ladrão teria de compensar a vítima com o dobro do valor do produto roubado.

O maior engenho de Sólon na seara jurídica foi o de ter criado a cultura e a permissão para o povo ter uma segunda Corte, onde podia apelar das causas perdidas injustamente nos tribunais. Para isso, criou o Tribunal dos Heliastas, Corte esta que podia ser acessada por qualquer pessoa que quisesse apelar das decisões tribunícias.

Curiosidade: para Aristóteles, Sólon foi o fundador da Democracia. É considerado um dos sete sábios gregos.

---

9 LANNI, Adriaan. *Law and Justice in the Courts of Classical*. Cambridge: Cambridge University Press, 2006.
10 SERENA, J. Antonio Clúa. Sólon o la historicidad de la comunicación elegíaca: La elegia a lãs musas y otros fragmentos: problemas actuales. *Norba – Revista de História*, v. 18, 2005.

Figura 9 – Código de Sólon

Código de Sólon
594 a.C.

CURIOSIDADES

"Nenhum homem livre, cidadão da mesma Atenas, poderá sofrer a humilhação da escravidão por dívidas."

Sólon inventou a operação econômica que hoje nós diríamos "desvalorização da moeda". Mandou recolher todas as moedas existentes, fundiu-as e cunhou outras mais leves no peso, mas naturalmente maiores em quantidade; depois restituiu aos cidadãos, conservando para cada moeda o valor nominal que possuía antes da fusão e... do aligeiramento. Os devedores viram as dívidas aligeiradas em 27 por cento e os credores consolaram-se com o aumento do número de moedas que em sua possessão reentravam. Em termos simples: tornaram-se todos mais ricos, ou menos pobres, do que antes.

Segundo Aristóteles,[11] ao que parece, estas três constituem as medidas mais populares do regime de Sólon: primeiro, e a mais importante, a proibição de se dar empréstimos incidindo sobre as pessoas; em seguida, a possibilidade, a quem se dispusesse, de reclamar reparação pelos injustiçados; e terceiro, o direito de apelo aos tribunais, disposição essa referida como a que mais fortaleceu a multidão, pois quando o povo se assenhoreia dos votos, assenhoreia-se do governo.

Fontes: elaboração dos autores com base em Fonte: SERENA, J. Antonio Clúa. Sólon o la historicidad de la comunicación elegíaca: La elegia a lãs musas y otros fragmentos: problemas actuales. Norba. *Revista de História*, v. 18, 2005.

Na China, Confúcio passou sua vida entre os anos de 551 a 479 a.C. e influenciou de forma marcante a cultura chinesa, enfatizando os aspectos educacionais e morais relacionados à vida do homem. Sua maior contribuição ao povo chinês foi um código de conduta, que pregava o respeito aos ancestrais e à Vontade Divina. Ele ensinava que a sociedade ideal é resultado da harmonização de cinco afinidades: entre governante e ministro, marido e esposa, pai e filho, irmão mais velho e mais jovem, amigo e amigo. Os relacionamentos, por sua vez, deveriam estar baseados no conceito de *ren* (humanidade e amor), praticado por meio do *li* (ética comportamental).

Sete palavras-chaves podem sintetizar o pensamento de Confúcio e nos revelam o sentido profundamente ético e ritualístico de suas formas de pensar. São elas: *Chung* – fidelidade; *Shun* – altruísmo; *Fen* – humanidade; *Yi* – justiça; *Li* – decência; *Chih* – sabedoria e *Hsin* – sinceridade, e expressam as sete virtudes principais do confucionismo.

Seu livro *Diálogos de Confúcio*, ou os *Analectos de Confúcio*[11] foram lidos no Oriente com a mesma intensidade com que a Bíblia foi lida no Ocidente.

Figura 10 – Confúcio e alguns analectos

Confúcio 551 a 479 a.C.	**ALGUNS ANALECTOS**
	"Um homem ético vê o que é justo numa questão; um homem sem ética vê apenas como tirar vantagem"
	"Não se preocupe com os outros que não te compreendem. Preocupe-se com o fato de você não compreender os outros."
	"Explorar o antigo e deduzir o novo forma um mestre"
	"A ação tem precedência sobre as palavras."
	"Aprender sem pensar é trabalhar em vão. Pensar sem aprender é desolador."
	"Seja lento em falar, mas rápido em agir."
	"É mais importante que você conheça os outros, do que eles conheçam você."
	"O homem de bem põe o seu coração na lei. O homem mesquinho põe seu coração no privilégio."
	"O povo deve ser feito para seguir, mas não pode ser feito para o saber."
	"Quando a esteira não estiver esticada, não se sente."
	"A resolução, a persistência, a simplicidade e a lentidão ao falar estão próximas à benevolência."
	"O entusiasmo, a exortação e a cordialidade podem considerar-se próprios de um sábio."

Fonte: LEGGE, James (Trad.). *The Analects of Confucius*. Disponível em: https://ebooks.adelaide.edu.au/c/confucius/c748a/ complete.html.

---

[11] LEGGE, James (Trad.). *The Analects of Confucius*. Disponível em: https://ebooks.adelaide.edu.au/c/confucius/c748a/complete.html.

A Lei das XII Tábuas, na Itália, representou um marco de incontestável relevância em todo o Império Romano. Considerada a mais antiga lei escrita de que se tem conhecimento no mundo ocidental, data de meados do século V a.C., cerca de 450 a.C., e contém normas do direito público, do direito privado e do direito processual.

Assegurou a "igualdade perante a lei", ou seja, um conjunto de regras que abarcava comumente a todos. Era um código de direito privado, com prescrições de direito penal e alguns artigos de direito religioso. Com características do espírito romano, as leis codificam os velhos costumes nacionais, constituindo, assim, a base da cultura jurídica.

Entrando na era Cristã, um concílio reunido em Jerusalém, segundo Orlandis,[12] em meados do primeiro século, abriu a porta aos não judeus, retirando as exigências de circuncisão, Torá e preceitos, e colocando em seu lugar o batismo e a fé em Jesus como Salvador. O mentor dessa mudança foi Paulo de Tarso. Naquele momento, aproximadamente 49 d.C., se iniciou a separação dos judeus e dos cristãos. Em 100 d.C., o novo testamento da igreja cristã é finalizado e começa a se desenhar o período que viria a ser conhecido como Idade Média.

Compreendida entre os anos de 476 e 1634 da era cristã, a Idade Média consistiu em um período histórico que se inicia com a tomada do Império Romano, e chega ao seu fim quando os turco-otomanos conquistam a cidade de Constantinopla. Época rotulada pelos historiadores como os "Anos Escuros" ou "A Idade das Trevas", devido à força e à aplicação bárbara de seus códigos. Nesse período tivemos:

- As regras de conduta dos senhores e cavaleiros feudais por volta dos anos 476.

    O termo Cortesia, segundo Elias,[13] referiu-se inicialmente às formas de comportamento das grandes cortes feudais. Durante a Idade Média, o conceito vai perdendo sua limitação e passa também a se referir aos comportamentos dos círculos burgueses.

---

12 ORLANDIS, José. *História breve do cristianismo*. Tradução de Osvaldo Aguiar. Lisboa: Rei dos Livros, 1993.
13 ELIAS, Norbert. *O processo civilizador*: uma história dos costumes. Rio de Janeiro: Jorge Zahar Editor, 1994.

Com a lenta extinção da nobreza guerreira e a formação de uma nova aristocracia ao longo dos séculos XVI e XVII, "o conceito de civilidade elevou-se lentamente à categoria de comportamento social aceitável".

- Em 529, no Império Bizantino, o imperador Justiniano 1º (482-565) compila e codifica a totalidade do direito romano, o Codex Justinianus,[14] mais tarde denominado Corpus Iuris Civilis. Ele foi preparado em cinco anos, representando o primeiro registro sistemático do direito romano. Durante vários séculos, esse Corpus Iuris Civilis foi a fonte principal do direito na Europa, muitas vezes em combinação com princípios locais. Baseado nesse documento, foram elaborados o Código Prussiano de 1794, o Código Civil francês, de 1807, e o Código Civil da Áustria, de 1812.
- No ano 650 d.C., o legado de Maomé foi transformado no Alcorão,[15] conjunto de preceitos e recomendações éticas e morais, advertências sobre a chegada do último dia e do Juízo Final, histórias sobre profetas anteriores a Maomé e povos a quem foram enviados preceitos sobre religião, vida social, matrimônio, divórcio ou herança. É baseado em 10 mandamentos, entendidos como orientações morais para andar no caminho de Deus.

---

14 DINGLEDY, Frederick W. *The Corpus Juris Civilis*: a guide to its history and use, legal reference services quarterly. 2016. 35:4, 231-255, DOI: 10.1080/0270319X.2016.1239484.

15 NASH, Helm. Tradução do sentido do Nobre Alcorão para a Língua Portuguesa. Disponível em: http://www.islamemlinha.com/index.php/biblioteca/ciencias-do-alcorao/item/traducao-do-sentido-do-nobre-alcorao-helmi-nasr. Acesso em: set. 2018.

Figura 11 – O Alcorão e seus dez mandamentos

Alcorão
650 d.C.

DEZ MANDAMENTOS
Primeiro mandamento: Não atribua parceiros a Deus;
Segundo mandamento: Seja bom e obediente com os pais;
Terceiro mandamento: Não mate suas crianças por medo da pobreza;
Quarto mandamento: Não se aproxime de pecados "vergonhosos" cometidos abertamente ou em segredo;
Quinto mandamento: Não mate a quem Deus proibiu matar;
Sexto mandamento: Não disponha do patrimônio do órfão senão da melhor forma possível, até que chegue à puberdade;
Sétimo mandamento: Disponha da medida e do peso com equidade;
Oitavo mandamento: Quando sentenciar, seja justo, ainda que se trate de um parente;
Nono mandamento: Cumpra a Aliança com Deus;
Décimo mandamento: Esta é a Minha senda reta. Siga-a e não sigas as demais, para que estas não vos desviem da Minha senda. Eis o que Ele lhes prescreve, para que O temas.

Fonte: Elaboração dos autores com base em NASH, Helm. Tradução do sentido do Nobre *Alcorão para a Língua Portuguesa*. Disponível em: http://www.islamemlinha.com/index.php/biblioteca/ciencias-do-alcorao/item/traducao-do-sentido-do-nobre-alcorao-helmi-nasr. Acesso em: set. 2018

A Era Viking, , povo que habitava as regiões conhecidas atualmente como países escandinavos – Noruega, Suécia e Dinamarca –, resumiu-se ao período cronológico do ano 793, quando assaltaram de forma violenta um monastério na Ilha de Lindisfarne, ao noroeste da Inglaterra, criando a fama de bárbaros e dando início às navegações vikings para fora de seu território até o ano 1066. De uma mistura de povos escandinavos, criaram uma cultura diferenciada, influenciando vários povos célticos, imprimindo um tom especial na chamada Idade do Bronze.

Segundo Velasco,[16] graças ao pouco calado de seus barcos, os vikings podiam acercar-se a qualquer praia e introduzir-se em qualquer rio. Utilizavam a técnica de ataque surpresa, rápido e efetivo. Tornaram-se o grande motor econômico da Europa periférica. Possuíam dois tipos de barcos, os guerreiros, "drakkars", e os comerciantes "Knars", que eram os que se mais se viam navegando em mares e rios, difundindo cultura e desenvolvendo comércios. Suas sagas e poesias constituíram o melhor da literatura medieval. Possuíam completas e complexas crenças sobre o mundo sobrenatural e sobre a composição do ser humano. Criaram as bases do império russo e chegaram às Américas no ano 1000.

Cabia aos anciões internalizar e difundir a cultura viking aos jovens através de histórias contadas ou escritas, evidenciadas em um código de honra baseado em nove nobres virtudes: coragem, honra, hospitalidade, trabalho, lealdade, sinceridade, autonomia, autodisciplina e perseverança.

Figura 12 – As nove nobres virtudes dos vikings

Código de Honra dos Vikings
793 a 1066

CORAGEM: Sê audaz e valente. Luta por suas convicções.

HONRA: Atua com nobreza e segundo seus Princípios.

TRABALHO: Permanece ativo e trabalha dando tudo o que puderes.

LEALDADE: Mantende fiel a ti mesmo, a sua família, amigos, grupos que participas, aos Deuses e Deusas.

SINCERIDADE: Sê sincero em todas as ocasiões com os outros e contigo mesmo.

AUTONOMIA: Tem personalidade, liberdade e bom juízo para atuares livremente.

AUTODISCIPLINA: Luta contra a desordem externa e interna. Cresce como pessoa.

PERSEVERANÇA: Consegue o que te proponhas e faças as coisas até sentires que estão completas e bem feitas.

HOSPITALIDADE: Comparte suas coisas livremente com os demais, sobretudo com as visitas que chegam a tua casa.

Fonte: Elaboração dos autores com base em VELASCO, Manuel. *Breve historia de los vikingos*. Madrid: Ediciones Nowtilus, 2008. Página 201

---

16 VELASCO, Manuel. *Breve historia de los vikingos*. Madrid: Ediciones Nowtilus, 2008.

Cada região viking dispunha de uma assembleia popular, chamada de **Thing**, da qual participavam homens e mulheres para assistir a julgamentos, discutir leis e procedimentos e que em ocasiões especiais serviam como local de encontro, intercâmbio de notícias, anúncio de casamentos e outros assuntos importantes pertinentes a cada localidade. Eram consideradas território sagrado, no qual não se podia portar armas.

Entre guerreiros e guerreiras, reis e rainhas, deuses e deusas, a cultura viking se destaca pela alta qualidade dos direitos femininos vivenciados em seus clãs, fato que deixou estarrecidos os primeiros missionários e padres cristãos que tiveram contato com eles. O que mais assombrou esses catequizadores foram as prerrogativas femininas, listadas a seguir:

1. Podiam solicitar o divórcio, sendo a agressão com ferida um dos motivos quase automático e pouco ou nada contestado.
2. Mantinham como casadas a posse de suas heranças, podendo dispor delas da forma que quisessem, independentemente da opinião do marido.
3. A menstruação não era considerada um tabu.
4. Vivendo em grandes pedaços de terra, na ausência do marido por descanso, caça ou comércio, como donas das terras ou apenas como esposas, eram responsáveis por tudo o que acontecia dentro de sua área, sem ter que usar o cinto de castidade, tão comum na Europa medieval.
5. Da mesma forma que qualquer chefe de família em sua casa, podiam realizar sacrifícios como um sacerdote, também eram consideradas sacerdotisas em suas próprias casas. O tear que havia em todas as casas era considerado parte intransferível do mundo feminino e estava associado à boa sorte da família. As mulheres nórdicas tinham rituais, orações e simpatias para quase todas as ações e atividades da vida. Havia também as que praticavam magias mais especializadas, conhecidas como "Seidr", uma forma de xamanismo feminino muito comum no norte europeu. Essas praticantes, chamadas seidkona, entravam em transe, conseguiam

desenvolver competências para a cura física, mental e espiritual; incorporavam deuses e deusas para o bem ou para o mal.

6. Além desses "despropósitos", os missionários tinham que conviver e suportar também as histórias das mulheres guerreiras. O historiador Saxo Grammaticus, em sua obra *Gesta Dannorum*, que conta a história da Dinamarca no século XII em seis livros, registrou:

> Houve mulheres dinamarquesas que transformaram sua beleza em ares masculinos, consagrando quase toda suas vidas a práticas guerreiras. Esquecendo-se de sua condição natural, antepunham-se à dureza das carícias, buscando os combates, em vez de beijos, dedicavam suas mãos às flechas ou lançadeiras (...) assaltavam os homens na ponta da espada com pensamentos de morte, não de sedução.[17]

Como guerreiras, elas incorporavam e vivenciavam todos os preceitos do Código de Honra dos vikings.

À medida que o sistema feudal cristão foi ganhando força, essas prerrogativas femininas foram sendo destruídas pouco a pouco. Uma das estratégias usadas nos países escandinavos pelos missionários, percebendo a força feminina no dia a dia dos vikings, foi a de fortalecer inicialmente as virtudes de Nossa Senhora e transferir a ela um pouco da força mística da mulher viking, mesma estratégia utilizada nos povos do norte do Reino Unido.

As pessoas que tiveram a oportunidade de conhecer o salão dourado da prefeitura de Estocolmo ficam impressionadas com o painel de fundo dessa sala, onde acontece parte das comemorações da entrega do prêmio Nobel mundial. Esse painel é representado por uma figura de gênero feminino fazendo a ponte entre o céu e a terra, harmonizando conflitos

---

17 SAXO, Grammaticus. *Gesta dannorum*: the history of the danes. A primeira publicação impressa e o texto completo mais antigo conhecido das obras de Saxo é a edição latina de *Christiern Pedersen*, impressa e publicada por Jodocus Badius em Paris, França, em 15 de março de 1514 sob o título de *Danorum Regum heroumque Historiae* ("História dos Reis e heróis dos dinamarqueses").

entre Oriente e Ocidente. Esta imagem para os autores representa tanto o arquétipo feminino viking/escandinavo quanto o empoderamento feminino tão comentado e desejado hoje em dia.

Fotografia 1 – Salão Dourado da Prefeitura de Estocolmo, Suécia.

Fonte: Foto da autora, junho de 2019.

A Era Viking traz um belíssimo contraponto ao código *Malleus Maleficarum*. Lançado em 1487, na Alemanha, o livro *Malleus Maleficarum*,[18] mais conhecido como Martelo das Bruxas, uma recopilação de crenças sobre bruxaria e explicações sobre muitos aspectos do tema e métodos para sua erradicação – um dos livros mais obscuros e nocivos da história da humanidade. Serviu de base para a condenação à morte de milhares de mulheres via queimação em praça pública, degola e, em casos mais leves, prisão perpétua. O Martelo das Bruxas é uma espécie de manual de diagnóstico sobre bruxas, dividindo-se em três partes: a primeira, ensinava os juízes a reconhecerem as bruxas em seus múltiplos disfarces e atitudes (condutas); a segunda, expunha todos os tipos de malefícios, classificando-os e explicando-os; e a terceira, regrava as formalidades para agir "legalmente" contra as bruxas, mostrando como inquiri-las e condená-las.

O *Malleus Maleficarum* fez estender o entendimento de que as bruxas eram reais, perigosas e que deveriam ser mortas. A obsessão e o medo eram tanto que qualquer desconfiança ou conduta que desagradasse ao esposo ou vizinhos poderia ser a causa da desgraça de uma mulher, pois segundo seus autores, Kramer e Sprenger, denúncias contra as mulheres nunca deveriam ser descartadas.

Uma vez levadas aos tribunais, não tinham nenhuma chance de se salvarem. Eram torturadas e mortas.

---

18 KRAEMER, Heinrich; SPRENGER, James. *Malleus Maleficarum Maleficat & earum haeresim, ut framea potentissima conterens*. Alemenha, 1487.

Figura 13 – O martelo das bruxas e a demonização da mulher

Malleus Maleficarum
1487

"E convém observar que houve uma falha na formação da primeira mulher, por ter sido ela criada a partir de uma costela recurva, ou seja, uma costela do peito, cuja curvatura é, por assim dizer, contrária á retidão do homem. E como, em virtude dessa falha, a mulher é animal imperfeito, sempre decepciona e mente."

"Uma mulher ama ou odeia; não há uma terceira alternativa. E as lágrimas de uma mulher são um engano, pois podem brotar de uma pena verdadeira, ou ser uma armadilha. Quando uma mulher pensa sozinha, pensa o mal."

"Todas as bruxarias provêm do apetite carnal que, nas mulheres, é insaciável."

"E tal é o que indica a etimologia da palavra que lhe designa o sexo, pois *Femina* vem de Fé e *Minus*, por ser a mulher sempre mais fraca em manter e em preservar a sua fé. (...) portanto, é por natureza mais propensa a hesitar na sua fé e, consequentemente, mais propensa a abjurá-la – fenômeno que conforta a raiz da bruxaria."

Fonte: Elaboração dos autores com base em KRAEMER, Heinrich; SPRENGER, James. *Malleus Maleficarum Maleficat & earum haeresim, ut framea potentissima conterens*. Alemenha, 1487.

O período de 1510 a 1563 foi marcado pelo rompimento de Lutero com a Igreja Católica, quebrando o monopólio da fé da Igreja Católica na Europa. Nasce o Protestantismo, introduzindo a Razão como instrumento de investigação científica. O Concílio de Trento, em 1563, representou um conjunto de diretrizes para regular a doutrina católica. Iniciou a regulamentação canônica e impulsionou o papel missionário da Igreja, aproveitando as expansões marítimas. É considerado um dos três concílios fundamentais da Igreja Católica. Foi convocado pelo Papa Paulo III, para assegurar a unidade da sagrada escritura histórica e a disciplina eclesiástica no contexto da Reforma da Igreja Católica. Foi uma reação à divisão então vivida na Europa devido à Reforma Protestante.

O século XVII marca o início da Idade Contemporânea, que vai desde o final do século até os dias atuais. A contemporaneidade contempla o desenvolvimento do capitalismo e a ascensão dos valores de um mundo em "progresso ininterrupto", em que figuram importantes fatos e correntes de pensamento desde o século XIX.

Ressaltamos, no período de 1603 até 1863, o *Bushido*, código de conduta dos guerreiros Samurais no Japão. De acordo com Yanaga,[19]

> originalmente desenvolvido para atender às rígidas exigências para a formação e disciplina do samurai na sociedade feudal, que consistia em preceitos morais derivados do Budismo, particularmente do Zen Budismo, do Confucionismo e Xintoísmo, representou uma síntese. Isto enfatizou a coragem, a honra, a fidelidade, a benevolência, o decoro, a frugalidade, a reverência, a lealdade e piedade filial como requisitos da classe samurai. O conceito de lealdade para com o mestre, como entendido na ética de Confúcio, foi desenvolvido sob o Bushido como o mais alto ponto se tornando uma norma de conduta para os samurais que fizeram o sacrifício supremo, mesmo sem pensar um segundo. Foi neste intenso sentimento de lealdade pessoal que se reflete na relação senhor e vassalo do feudalismo que o patriotismo e a lealdade ao Imperador nos últimos tempos vieram a ser firmemente enraizados. Mesmo no campo da política hoje, a lealdade pessoal de origem feudal pode ser vista em funcionamento.

"A vida de alguém é limitada, porém a honra e o respeito duram para sempre" (Samurai Miyamoto Musashi).

---

19 YANAGA, C. *Japanese people and politics*. Nova Iorque: John Wiley & Sons Inc., 1964.

Figura 14 – Código de honra e lealdade dos samurais
Interpretando os 7 Princípios

Bushido
1603 a 1863

1. 義 **Gi** – Justiça, retidão e honestidade: Seja honesto em todas as suas relações. Acredite na Justiça, não a que é dada pelos outros, e sim na sua própria justiça. Para um autêntico samurai só existe o certo e o errado. E pra ser justo é necessário fazer o julgamento correto em relação a tudo em sua vida.

2. 勇 **Yuu** – Coragem, bravura heroica: Um samurai deve ter coragem heroica. Viver é arriscado e perigoso e esconder-se como uma tartaruga se esconde em sua concha não é a maneira mais adequada de viver. Devemos aprender a viver a vida ao máximo, intensamente. Substitua o medo pelo respeito e cautela. A coragem heroica não é cega, ela é inteligente e forte.

3. 仁 **Jin** – Compaixão, benevolência: Através de um treinamento intenso, o samurai torna-se rápido e forte, porém ele usa essas habilidades para fazer o bem para as pessoas e tem compaixão por elas. Amor, amizade, solidariedade e nobreza de sentimentos são considerados como os maiores atributos da alma. Ajude seus colegas em todas as oportunidades que houver.

4. 礼 **Rei** – Respeito, polidez e cortesia: O Samurai não tem nenhuma razão para ser cruel. Não há necessidade de provar a sua força. Um samurai é cortês até mesmo para com os seus inimigos. Se não fosse assim, ele não seria melhor do que qualquer animal. Um samurai é respeitado não só por sua coragem, mas também pela forma como trata os outros.

5. 誠 **Makoto** – Honestidade, sinceridade absoluta: Mentir é um ato considerado covarde e desonroso e, portanto, quando um samurai diz que vai fazer tal coisa, é como se ele já tivesse feito. Nada no mundo conseguirá impedi-lo de concretizar o que disse. Um samurai não precisa dar a sua palavra e nem precisa prometer nada. Quando um samurai fala, é porque ele vai agir.

6. 名誉 **Meiyo** – Honra, glória: o verdadeiro samurai só tem um juiz de sua honra, e este juiz é ele mesmo. As escolhas que você faz e como você trabalha para obtê-las são um reflexo de quem você realmente é. Você não pode se esconder de si mesmo. Muitas das nossas decisões são influenciadas pelos outros, o que nos faz parecer hipócritas.

7. 忠 **Chuu** – Dever e lealdade: um samurai é extremamente leal àqueles que estão sob seus cuidados. Por quem ele é responsável, ele permanece fiel. Suas palavras e suas ações pertencem a ele, assim como todas as consequências que se seguem a partir delas.

Fonte: Elaboração dos autores com base em YANAGA, C. Japanese people and politics. Nova Iorque: John Wiley & Sons Inc., 1964.

É importante salientar que em 1789, na França, foi lançada a primeira versão da Declaração de Direitos do Homem e do Cidadão, que em seu primeiro artigo defendia: "Os homens nascem e permanecem livres e iguais em direitos. As distinções sociais só podem fundar-se na utilidade comum".

Em termos de códigos, conseguimos mapear que a mais significativa contribuição para a história da ética médica ocidental foi dada por Tomas Percival, médico, filósofo e escritor inglês, que em 1803 publicou o seu *Código de Ética Médica*. Sua personalidade, seu interesse por assuntos sociológicos e seu contato íntimo com o hospital de Manchester levaram-no a organizar um manual de condutas profissionais relacionadas a hospitais comuns e de caridade, a partir do que chegou ao código que leva seu nome.

Em 1807, o código francês, sob o comando de Napoleão, que presidiu a mais da metade de cem sessões de aprovação da Comissão de Legislação do Conselho de Estado Francês, estipulou um conjunto de leis que regulamentavam as relações entre os cidadãos baseando-se em três pilares que caracterizavam a burguesia surgida da Revolução Francesa: a propriedade, o contrato e a responsabilidade civil. A propriedade foi transformada em direito inviolável e sagrado, sendo, à época, apresentada por Portalis como "a alma universal da legislação".

A importância do Código Civil francês pode ser percebida no texto a seguir transcrito da obra *Memórias de Santa Helena*, redigida por Napoleão Bonaparte[20] no período em que estava no exílio na distante ilha de Santa Helena: "Minha verdadeira glória não foi ter vencido quarenta batalhas; Waterloo apagará a lembrança de tantas vitórias. O que ninguém conseguirá apagar, aquilo que viverá eternamente, é o meu Código Civil".

---

20 BONAPARTE, Napoleão. *Memórias de Santa Helena*. Porto Alegre: Edições Meridiano, 1941. 168 p.

Em 1873, temos o Código Alemão, edificado no Império Alemão, quando o direito civil foi declarado como matéria federal, através da Lei Imperial de 20 de dezembro de 1873, fato que veio a tornar possível a organização de um código civil nacional. O Código Civil Alemão foi concebido na época como o mais progressivo, passando a ser adotado como fonte de inspiração para os países que ainda não haviam elaborado o seu código civil, eliminando, assim, a exclusividade até então mantida pelo Código de Napoleão. Caracterizado por sua perfeição técnica, refletia de certa forma o panorama socioeconômico e a especificidade do modelo social adotado na época de sua promulgação.

Chamamos a atenção, no início do século XX, para a obra *Bushido*,[21] a alma do Japão, de Inazo Nitobe, 1862-1933. Fruto de propaganda nacionalista japonesa que visava à aproximação do Japão com as potências econômicas da época e que construiu a imagem do Japão moderno, fortalecendo sua identidade nacional como herdeira da ética dos samurais.

Entendemos que o século XX foi o período em que proliferaram os códigos de conduta de muitas profissões e os principais referentes aos direitos humanos pós-guerras.

Desvios éticos e práticas abusivas sempre ocorreram ao longo da história, porém, foi a partir do século XX que medidas internacionais de controle sobre a experimentação médica com seres humanos foram criadas, após o conhecimento dos abusos cometidos nos campos de concentração, durante a Segunda Guerra Mundial, com assassinatos, torturas e outros atos indignos, segundo Figueiredo.[22]

> Em 1947, uma corte formada por juízes dos Estados Unidos reuniu-se para julgar os crimes cometidos pelos médicos nazistas em campos de concentração. Este julgamento resultou na elaboração de um conjunto de preceitos éticos para a pesquisa clínica, conhecida como Código de Nuremberg

---

21 NITOBE, Inazo. *Bushido*: the soul of Japan, thoughts and essays. Tóquio: University of Tokyo Press, 1972a.
22 FIGUEIREDO, A. M. de. Diretrizes éticas internacionais em pesquisa: crítica à declaração de Helsinki. *Derecho y Cambio Social*, Lima, 2011.

(Nuremberg Code 1949).[23] Infelizmente, durante os primeiros vinte anos de existência do documento, as diretrizes éticas de Nuremberg não atingiram o alvo desejado, ou seja, não foram capazes de sensibilizar os médicos para o respeito necessário no uso de seres humanos em pesquisas clínicas.[24]

Em 1964, na Finlândia, a Declaração de Helsinki, ao contrário de Nuremberg, que foi mais entendido na época como um julgamento sobre o passado de crimes dos médicos nazistas, projetou-se para o futuro como um código de conduta ética obrigatório para todos os pesquisadores.

Após a Segunda Guerra Mundial, em meados do século XX, a concepção de direitos humanos passou a atingir a esfera internacional. Nesse entendimento, Wilson[25] afirma que "diversos instrumentos, introduzindo princípios gerais, passaram a ser produzidos buscando proteger os direitos do homem".

Em 1945, foi criada a Organização das Nações Unidas – ONU, organização mundial e internacional com o propósito de manter a paz e a segurança internacional.[26] Por diversas vezes, teve que atuar em conflitos internos de estados que agiam contra seus cidadãos, atacando princípios inerentes à pessoa humana. Assim, para inibir possíveis arbitrariedades e violações aos direitos humanos, a ONU, através de assembleias ratificadas por seus países membros, sancionou convenções visando inibir tais condutas.[27]

Em 1948, segundo Amnesty International,[28] foi proclamada a Declaração Universal dos Direitos Humanos, na assembleia geral 217 A (III).

---

23 CÓDIGO DE NUREMBERG. 1947. Disponível em: http://www.gtp.org.br/new/documentos/nuremberg.pdf. Acesso em: 17 set. 2018.
24 DINIZ, D.; CORRÊA, M. Declaração de Helsinki: relativismo e vulnerabilidade. *Caderno de Saúde Pública*, Rio de Janeiro, v. 17, n. 3, 2001.
25 ENGELMANN, Wilson. *Direito Natural, ética e hermenêutica*. Porto Alegre: Livraria do Advogado, 2007.
26 ROVER, Cees de. *Para servir e proteger*: direitos humanos e direito internacional humanitário para forças policiais e de segurança: manual para instrutores. Genebra, 1998.
27 CUNHA, Milmir. *A eficácia das aulas de defesa pessoal no curso de formação de oficiais*. Belo Horizonte: Centro de Ensino de Graduação PMMG, 2004.
28 AMNESTY INTERNATIONAL. A anistia internacional forma uma comunidade global de defensores dos Direitos Humanos. 2003. Disponível em: http://www.br.amnesty.org/index_acercadeai.shtml.

Essa declaração, segundo Office of United Nations Hight Commissioner for Human Rights,[29] visa:

> [...] atingir a todos os povos e a todas as nações, a fim de que todos os indivíduos e todos os órgãos da sociedade, tendo-a constantemente no espírito, se esforcem, pelo ensino e pela educação, por desenvolver o respeito desses direitos e liberdades, e por promover, por medidas progressivas de ordem nacional e internacional, o seu reconhecimento e a sua aplicação universais] tanto entre as populações dos próprios Estados membros, como entre as dos territórios colocados sob a sua jurisdição.

Merece especial atenção o Código de Conduta das Nações Unidas para os funcionários responsáveis pela aplicação da lei, lançado em 1979, que são normas orientadoras aos governos sobre questões relacionadas com direitos humanos e justiça criminal. Por meio dessa resolução, o código de conduta parte da conscientização

> de que a natureza das funções de aplicação da lei para defesa da ordem pública e a forma como essas funções são exercidas, têm uma incidência direta sobre a qualidade de vida dos indivíduos e da sociedade no seu conjunto, e das possibilidades de abuso que o exercício destas tarefas proporciona, define medidas importantes para garantir a proteção de todos os direitos e interesses dos cidadãos servidos pelos referidos funcionários.

Na década de 1990, os códigos chegam ao mundo corporativo através do mercado de capitais em Londres. Com o avanço dos estudos sobre Governança Corporativa e na sequência de escândalos financeiros, em 1991, Lord Cadbury foi escolhido pelo Banco da Inglaterra para, em um trabalho conjunto com a Bolsa de Valores de Londres, a Accountancy Profession, e o Financial Reporting Council, formular um código de práticas recomendáveis aos administradores, diretores e membros dos conselhos de

---

[29] 2005, p. 1.

administração e fiscal, sobre como deveriam comportar-se na gestão das sociedades. O código denominado de Code of Best Practice, ficou conhecido como Relatório Cadbury e foi publicado em dezembro de 1992.

De acordo com Andrade e Rossetti,[30] o Relatório Cadbury encorajou o papel mais ativo nas corporações por parte de investidores institucionais, o fortalecimento dos canais de comunicação entre acionistas, conselheiros e diretores executivos, e o envolvimento maior do governo no mercado, junto com uma nova era de autorregulamentação.

A partir desse lançamento, outros foram sendo desenvolvidos no intuito de revisar as práticas e condutas indicadas, bem como no sentido de aperfeiçoá-las, tendo destaque o **Relatório Greenbury** (1995), **Relatório Hampel** (1998), **Relatório Turnbull** (1999) e **Relatório Higgs** em 2003.

Em 1999, a OCDE, Organização para a Cooperação e Desenvolvimento Econômico, organização multilateral formado por 35 países que promovem políticas públicas e auxilia no desenvolvimento e expansão econômica das nações integrantes, lançou a primeira versão dos seus princípios de governança corporativa. Sua série de recomendações tornou-se referência internacional, e a ultima versão de 2016, englobando o G20, proporciona orientações gerais sobre seis pontos cruciais quanto a:

1. Enquadramento das empresas no sentido de "promover mercados transparentes e justos, assim como a alocação eficiente de recursos. Deve ser consistente com o Estado de direito e apoiar a supervisão e aplicação eficazes".

2. Direitos e tratamento paritário dos acionistas e funções principais da propriedade protegendo e facilitando a participação de todos acionistas, incluindo minoritários e estrangeiros.

3. Papel dos investidores institucionais, mercado de ações e outros intermediários, contribuindo para o bom governo das sociedades.

---

[30] ANDRADE, Adriana; ROSSETTI, José Paschoal Rossetti. *Governança corporativa:* fundamentos, desenvolvimento e tendências. São Paulo: Atlas, 2014.

4. Reconhecimento dos direitos dos *stakeholders*, estimulando a cooperação ativa entre esses e as sociedades na criação de riquezas, empregos e sustentabilidade planetária;
5. Divulgação de informação de todas as questões relevantes relacionadas com a sociedade, incluindo a situação financeira, desempenho, estrutura e instrumentos de governança da sociedade, como programas de integridade e código de conduta.
6. Responsabilidade dos Conselhos de Administração no direcionamento estratégico das organizações, no controle eficaz da equipe de gestão, evidenciando a responsabilização desse órgão perante a sociedade e seus acionistas.

A partir dos princípios da OCDE, **acelerou-se a difusão dos códigos nacionais de boas práticas de governança corporativa**. Eles não ficaram limitados aos países de economias avançadas. Estenderam-se também a países emergentes de todos os continentes e também aos que se encontravam em transição institucional, como os que viveram sob o regime coletivista que se estabeleceu até o fim dos anos 1980 na Europa Central e na ex-URSS.

1.2 Os códigos de conduta em nossos dias

O tom do século XXI foi dado inicialmente pelas megafraudes corporativas nos Estados Unidos e o ataque terrorista de 11 de setembro de 2001. Sete anos depois, a crise financeira – inicialmente americana – quase levou o mundo à bancarrota. O poder de fogo das corporações foi evidenciado e a necessidade de regulamentação, fiscalização e controle por parte das nações, também. Os códigos de condutas passaram a se fazer presentes no âmbito da Governança Global e ganharam importância internacional no fornecimento de enquadramento comportamental tanto do funcionalismo público, quanto do setor privado, tentando assegurar o profissionalismo de ambos.

Em 2001 a OCDE lança o Inventário OCDE[31] sobre códigos de conduta de empresas transnacionais de seus países membro, e a ONU, o Código de Conduta Corporativa como autorregulação da economia global.

Interessante pontuar que o Inventário da OCDE em 2001 analisou 246 códigos de conduta voluntários de empresas dos países membro desta organização, cobrindo uma variedade de setores como alta tecnologia, varejo de massa, manufatura pesada, fabricação leve, produção e serviços financeiros, concluindo que os códigos examinados:

- diferem consideravelmente em termos de conteúdo e grau de detalhamento, refletindo a diversidade, o tamanho e região onde estão instaladas as organizações;

- são *documentos vivos* que as organizações precisam revisar periodicamente;

- abordam variedade de questões, respondendo às preocupações do público em geral;

- gestão ambiental, padrões de comportamento no ambiente de trabalho, proteção ao consumidor, suborno, corrupção estão presentes na maioria deles. Textos extensos sobre controles internos e proteção do valor do acionista se fazem presentes;

- a responsabilização quanto a *compliance*, aprimoramento da reputação organizacional e o relacionamento com clientes começaram a ter atenção especial nos códigos mais recentes;

- os compromissos mais comuns encontrados são: ambiente razoável para o desenvolvimento das atividades, recusa em discriminar ou assediar, cumprimento das leis, evitar o trabalho infantil e escravo e condições de remuneração satisfatória aos colaboradores;

- com referência à melhoria, alguns códigos definem metas de desempenho específicas ou mencionam que as mesmas farão parte do plano de negócios;

---

31 OECD. Codes of Corporate Conduct: Expanded Review of their Contents. OECD Working Papers on International Investment, 2001/06. Disponível em: http://dx.doi.org/10.1787/206157234626.

- alguns abordam o compartilhamento de experiências e melhores práticas, relacionando questões diversas ou aquelas relacionadas ao próprio código. "Reconhecemos que esses compromissos podem, em alguns casos, representar aspirações para o futuro, mais do que declarações da realidade de hoje. Vamos compartilhar nossas experiências e melhores práticas. Vamos nos esforçar para aprender com nossos erros";[32]
- outros poucos incluem declarações de que a organização participará ativamente no desenvolvimento de políticas públicas, legislação nacional, tratados internacionais sobre os assuntos-base do seu código de conduta;
- poucos códigos fazem menção ao aspecto financeiro de gerenciamento do próprio código.

Finalizando as informações divulgadas por esse inventário, destacamos o compartilhamento do dado de que 47 códigos trouxeram evidências de melhoria progressiva no desempenho organizacional referente aos itens tratados neles.

A partir daí, a utilização de códigos de conduta passou a ser amplamente estimulada e divulgada como ferramenta base para acordos anticorrupção. Nessa direção, em 2003, na U. N. Conventions against Corruption[33] evidenciou a importância de código de conduta para os servidores públicos como elemento essencial para a prevenção da corrupção. A Convenção das Nações Unidas contra a Corrupção é o único instrumento universal anticorrupção juridicamente vinculativo. A abordagem de longo alcance da Convenção e o caráter obrigatório de muitas de suas disposições fazem dela uma ferramenta única para o desenvolvimento de uma resposta

---

32 OECD. Codes of Corporate Conduct: Expanded Review of their Contents. OECD Working Papers on International Investment, 2001/06. Disponível em: http://dx.doi.org/10.1787/206157234626.

33 ONU. Convenção das Nações Unidas contra a Corrupção. Disponível em: https://www.unodc.org/documents/treaties/UNCAC/Publications/Convention/04-56163_S.pdf.

abrangente a um problema global. A grande maioria dos Estados-Membros das Nações Unidas é parte na Convenção.

Em 2007, a União Europeia lança o código de conduta corporativa para seus membros, que foi atualizado em 2018. A recente versão desse código estabelece regras mais claras, padrões éticos mais elevados e estimula maior transparência entre seus membros. Também criou um comitê de ética independente, com *status* reforçado para fortalecer o escrutínio e fornecer diretrizes sobre os padrões éticos condensados.

Entre as principais melhorias do Code of Conduct for the Members of the European Commission,[34] destacamos o período sabático de três anos, para a Presidência da Comissão da União Europeia, e de dois anos, para seus membros, que ficarão restritos em algumas atividades quando aposentarem e do dever de informar à Comissão quando aceitarem um novo emprego. Foi definido o que consideram Conflito de Interesse, as situações que precisam ser evitadas e a necessidade de declararem quaisquer investimentos acima de 10.000 Euros.

É importante pontuar que a Lei Anticorrupção, 12.846/13,[35] e a recente Lei das Estatais 13.303/2016[36] enfatizam a importância dos Códigos de Conduta nas nossas instituições e corporações.

A Lei Anticorrupção, 12.846/2013, não exige que as sociedades empresárias possuam código de conduta, mas parte do pressuposto de que, caso o possuam e sendo penalizadas administrativamente, a sanção poderá ser abrandada se houver a aplicação efetiva do referido código na sociedade (inciso VIII do art. 7º). Observado o devido processo legal e o contraditório, a incidência de sanção mais ou menos gravosa é sempre ato discricionário da autoridade julgadora competente.

---

[34] CODE OF CONDUCT FOR THE MEMBERS OF THE EUROPEAN COMMISSION 2018. Disponível em: https://ec.europa.eu/info/sites/info/files/code-of-conduct-for-commissioners-2018_en_0.pdf.
[35] BRASIL. Lei 12.846/13. Lei anticorrupção. Disponível em: http://www2.camara.leg.br/legin/fed/lei/2013/lei-12846-1-agosto-2013-33.
[36] BRASIL. Lei 13.303/16. Lei das Estatais Disponível em: http://www.planalto.gov.br/ccivil_03/_ato2015-2018/2016/lei/l13303.htm.

Art. 7º Serão levados em consideração na aplicação das sanções:

VIII – a existência de mecanismos e procedimentos internos de integridade, auditoria e incentivo à denúncia de irregularidades e a aplicação efetiva de códigos de ética e de conduta no âmbito da pessoa jurídica;

A Lei das Estatais, 13.303/2016, não só exige que as empresas estatais elaborem código de conduta e integridade, como também especifica o que ele deve conter, nos termos do §1º do art. 9º, a seguir transcrito. A não elaboração do código a partir de junho de 2018 possibilita a caracterização de ilegalidade, passível de penalização pelos órgãos fiscalizadores.

§1º Deverá ser elaborado e divulgado Código de Conduta e Integridade, que disponha sobre:

I – princípios, valores e missão da empresa pública e da sociedade de economia mista, bem como orientações sobre a prevenção de conflito de interesses e vedação de atos de corrupção e fraude;

II – instâncias internas responsáveis pela atualização e aplicação do Código de Conduta e Integridade;

III – canal de denúncias que possibilite o recebimento de denúncias internas e externas relativas ao descumprimento do Código de Conduta e Integridade e das demais normas internas de ética e obrigacionais;

IV – mecanismos de proteção que impeçam qualquer espécie de retaliação a pessoa que utilize o canal de denúncias;

V – sanções aplicáveis em caso de violação às regras do Código de Conduta e Integridade;

VI – previsão de treinamento periódico, no mínimo anual, sobre Código de Conduta e Integridade, a empregados e administradores, e sobre a política de gestão de riscos, a administradores.

Em 2018, segundo o levantamento feito pelo ECGI European Corporate Governance Institute,[37] cerca de 92 países possuíam códigos de boas

---

37 ECGI CODES: Disponível em: https://ecgi.global/content/codes.

práticas de governança corporativa e vários desses já tinham sido revisados. Infelizmente, a disseminação das boas práticas de governança corporativa desde o final do século passado não impediu que o início do século XXI fosse marcado por escândalos e fraudes corporativas. Essa situação fortaleceu a necessidade de implantação de programas de *compliance* corporativos, transformando o código de conduta no instrumento principal desses programas, de onde as principais políticas são derivadas.

Nessa mesma esteira, no Brasil, tanto o Código Brasileiro de Governança Corporativa de 2016, quanto a quinta versão do Código das Melhores Práticas de Governança Corporativa do IBGC de 2015 introduziram capítulos específicos focalizando o papel de *compliance* como órgão de fiscalização e controle de governança e qualificando tanto a importância do Código de Conduta e canal de denúncias independente. A CVM, por sua vez, como agência reguladora do mercado, por meio da sua Instrução 586/2017, obriga todas as companhias abertas na bolsa brasileira a divulgarem o seu informe de governança, explicando o seu programa de *compliance* e integridade assim como o seu código de conduta.

O capítulo cinco do *Código Brasileiro de Governança Corporativa*,[38] intitulado "Ética e Conflitos de Interesse", utiliza como princípio norteador: "A companhia deve ter um código de conduta, que promova seus valores e princípios éticos e reflita a identidade e cultura organizacionais, e um canal de denúncias para acolher críticas, dúvidas, reclamações e denúncias". E recomenda que as empresas criem um comitê de conduta independente e autônomo, ligado ao Conselho de Administração, com a função principal de gestão do código de conduta, atualizando-o, conduzindo as apurações de denúncias e propondo as medidas corretivas cabíveis referentes às infrações ocorridas.

---

[38] INSTITUTO BRASILEIRO DE GOVERNANÇA CORPORATIVA. Código Brasileiro de Governança Corporativa: Companhias Abertas/Grupo de Trabalho Interagentes; coordenação. São Paulo, SP: IBGC, 2016. 64 p.

Qualifica também como funções básicas de um código de conduta:
- disciplinar as relações internas e externas da companhia, com a adoção de padrões adequados de conduta;
- administrar conflitos de interesses;
- definir, com clareza, o escopo e a abrangência das ações destinadas a apurar a ocorrência de situações compreendidas como realizadas com o uso de informação privilegiada;
- estabelecer que os princípios éticos fundamentem a negociação de contratos, acordos, propostas de alteração do estatuto social, bem como as políticas que orientam toda a companhia;
- e estabelecer um valor máximo dos bens ou serviços de terceiros que administradores e colaboradores possam aceitar de forma gratuita ou favorecidas.

Importante pontuarmos que, ao longo da história, assistimos à força dos movimentos sociais estimulando mudanças e produzindo novos valores e objetivos em torno dos quais as instituições das sociedades se transformam.

Durante a primeira década do século XXI, acompanhamos *on-line*, começando na Tunísia e Islândia, os movimentos sociais conectados em rede espalhando-se, primeiro no mundo árabe, ganhando força na Europa: Espanha, Grécia, Portugal e Itália, Inglaterra e Israel. Nos EUA, o movimento Occupy Wall Street, em 2011, foi considerado o evento do ano e o Manifestante, a personalidade do ano pela revista *Times*. Em 2013, manifestações populares brasileiras, também interconectadas em rede, chamaram a atenção da mídia internacional. E por último, Ucrânia e Hong Kong. Em todos os casos, e de acordo com Castells,[39] "os movimentos ignoraram partidos políticos, desconfiaram da mídia, não reconheceram nenhuma liderança e rejeitaram toda organização formal, sustentando-se na Internet e em assembleias locais, para o debate coletivo e tomada de decisões".

---

39 CASTELLS, Manuel. *Redes de indignação e esperança*: movimentos sociais na era da internet. Tradução Carlos Alberto Medeiros. Rio de Janeiro: Zahar, 2013. 271 p.

Parece-nos que foi e continua sendo irreversível o empoderamento dos cidadãos na direção da revitalização da democracia. Novamente Castells[40] chama a atenção: "Os movimentos em rede, assim como a opinião pública, coincidem em denunciar o escárnio a que são submetidos os ideais democráticos na maior parte do mundo".

No Fórum Econômico Mundial de Davos, em 2019, quarenta líderes empresariais lançaram a "Declaração Digital", que estabelece condutas fundamentais para agir eticamente na era digital, ajudando as empresas a fornecer aos cidadãos, indústrias e governos o que mais lhes importa. A Declaração Digital representa o movimento compostos por CEOs de importantes empresas mundiais que enfrentam desafios digitais no seu dia a dia. Seus princípios exigem que as empresas respeitem a privacidade de cidadãos digitais; manejem os dados pessoais com transparência, tomem medidas significativas para mitigar ameaças cibernéticas e assegurem que todos possam participar da economia digital em desenvolvimento, à medida que se combate o assédio *on-line*. Acreditam que, levados em consideração, esses princípios garantirão que a internet seja mantida como uma plataforma aberta para expressão e um motor de inovação.

A partir de março de 2020, todas as instâncias de nossas vidas foram chacoalhadas por algo invisível, acelular, tóxico, agressivo, veloz e letal denominado coronavírus. De forma silenciosa e surpreendentemente inusitada, esse vírus transformou o planeta em um campo de teste de resistência humana, introduzindo o isolamento social, a utilização de máscaras e álcool em gel como os contra-ataques mais eficazes até agora recomendados. O antídoto, as vacinas, já está sendo aplicado, e mesmo assim vivemos aterrorizados com a possibilidade de novas ondas com diferentes variáveis.

Tendo a pandemia como pano de fundo, assistimos a algumas tendências corporativas se tornarem realidade praticamente da noite para o dia, como o trabalho em *home office* e o meio digital se transformando em principal meio de interação, integração e comunicação empresarial.

---

40 CASTELLS, Manuel. *Redes de indignação e esperança*: movimentos sociais na era da internet. Tradução Carlos Alberto Medeiros. Rio de Janeiro: Zahar, 2013. 271 p.

A crescente influência na sociedade atual de valores sociais na direção dos riscos da mudança climática, padrões de conduta empresarial responsáveis, diversidade no local de trabalho e Conselhos reforçam a necessária combinação de estratégias de curto e médio prazo que possam garantir o poder de luta das empresas na nova arena de competitividade: a cibernética.

No final de 2020, começamos a perceber movimentos e pesquisas em organizações multilaterais traduzindo o cenário pandêmico e intensificando a atenção para a importância da ética na internet como chave do futuro digital e de forma mais contundente a importância da ética na área da saúde, principalmente na supervisão das pesquisas relacionadas ao coronavírus utilizando seres humanos.

No começo de 2021, a Harvard Law School (03/2021) publicou as tendências de curto prazo para empresas levando em conta os impactos da pandemia, pontuando que ESG e mudança climática tornaram-se os focos principais de curto prazo das empresas. O "S" do ESG foi priorizado na direção dos funcionários e comunidades em que as empresas atuam e no fortalecimento do gerenciamento de risco frente a mudanças climáticas, prioritariamente na direção do carbono zero e no ativismo dos investidores com a bandeira institucional de "Say on Sustainability Vote", influenciando as decisões dos conselhos. Segundo o mesmo documento de Harvard, outros itens passaram complementarmente a serem percebidos no mundo corporativo, influenciando os modelos existentes como:

- diversidade, equidade e inclusão: DE&I sendo a diversidade de gêneros o discurso mais percebido e focado;
- convergência das normas internacionais de sustentabilidade buscando maior materialidade;
- fortalecimento de discussões nos conselhos sobre cultura corporativa e nacional e esse tema;
- retorno do ativismo e aumento do dinamismo dos mercados de capitais;
- reuniões de conselho e assembleias virtuais.

Novas abordagens, novas posturas e novos cuidados começaram a ser decifrados no novo contexto empresarial, exigindo a atualização dos códigos de conduta nas novas direções sintetizadas pela Agenda ESG. Percebemos que a preocupação não é tanto na determinação de novos procedimentos, mas sim na determinação daqueles princípios democráticos nos quais serão baseados esses novos códigos de conduta. E nesse racional, o mundo corporativo e institucional e seus respectivos códigos, além de alvo de atenção, rejeição ou desejo, podem se tornar campo de experiência em que esses novos princípios e códigos democráticos poderão ser validados ou não.

Resumo: Sob o ponto de vista da evolução dos códigos de conduta, evidenciando origens e características específicas, apresentamos cinco épocas distintas: Mundo Antigo, Era Cristã e Idade Média, Mundo Contemporâneo, Século XX e Século XXI. No Mundo Antigo, que cobre o período de 2450 a.C. até 50 d.C., surgem as primeiras tentativas codificadas de garantir direitos e estimular virtudes humanas. Consideramos a Era Cristã e Idade Média a partir do aparecimento do Novo Testamento da Igreja Cristã, por volta do ano 100 d.C. até 1634, rotulada como Idade das Trevas, devido à força e aplicação bárbara de seus códigos. A Era Contemporânea, contemplando o desenvolvimento do capitalismo, começa com o Concílio de Trento, em 1563, perdurando até 1873, com o lançamento do Código Alemão. O século XX foi classificado como o século dos códigos profissionais e de direitos humanos. Finalizamos evidenciando no século XXI os códigos focados nas instâncias de governança: a corporativa/institucional, a do Estado e governança global: OCDE, ONU, ECGI e BRASIL. A partir de 2020, o impacto do coronavírus no planeta transformou tendências corporativas em realidade praticamente da noite para o dia, como o trabalho em *home office* e o meio digital se transformando como principal forma de interação, integração e comunicação empresarial.

Palavras-chave: Estela de Abutres. Código de Urakagina. Código de Conduta do Imperador Shun. Código de Ur-Nammu. Código de Eskunna. Código de Lips Ishtar. Código de Hamurabi. Código de Manu. Pentateuco/Torah. Código de Drácon. Código de Sólon. Filosofia de Confúcio. Lei das XII Tábuas. Codex Justinianus. Alcorão. Código de Honra dos Vikings, Malleus Maleficarium: Martillo de las Brujas. Concílio de Trento. Bushido. Declaração dos Direitos do Homem e do Cidadão, França. Código de ética médica. Código Francês. Código alemão. Código de Nuremberg. Declaração Universal dos Direitos Humanos – ONU. Declaração de Helsinki.

Código de Condutas das Nações Unidas para seus funcionários. Relatório Cadbury. Código de Boas Práticas IBGC. Código de Boas Práticas OCDE. Códigos de Condutas de empresas transnacionais. Código de Conduta como autorregulação da Economia Global. Código de Conduta Corporativa – União Europeia. Lei anticorrupção. Lei 12.846/13. Lei das Estatais. Lei 13.303/16. Código Brasileiro de Governança Corporativa. Declaração Digital. Agenda ESG. Ética digital.

CAPÍTULO 2

GOVERNANÇA CORPORATIVA NO SÉCULO XXI E OS CÓDIGOS DE CONDUTA

Apresentação

Iniciamos este capítulo citando dois autores – Rolf Carlsson e John Elkington – como inspiração para o seu desenvolvimento, pela visão antecipada de ambos sobre a importância da governança corporativa no século XXI. Em seu livro, *Ownership and value creation: strategic corporate governance in the new economy*, Rolf Carlsson 2001[41] afirma que o "século XIX foi a era dos empreendedores, do lançamento das bases de formação do novo mundo corporativo. O século XX foi a era do gerenciamento, do surgimento de uma nova classe – a direção executiva dos grandes conglomerados. O século XXI será a era da Governança Corporativa, da definição da forma pela qual a estratégia será definida e o poder será exercido em todas as

---

41 CARLSSON, Rolf H. *Ownership and value creation*: strategic corporate governance in the new economy. London: Wiley, 2001.

corporações do mundo". Enquanto, em *Cannibals with forks*, John Elkington[42] chama a atenção: "A transição para o capitalismo sustentável será uma das mais complexas revoluções que a nossa espécie já vivenciou. Estamos embarcando em uma revolução cultural global, que tem como epicentro a sustentabilidade. Ela tem a ver com valores, mercados, transparência, ciclos de vida de tecnologias e produtos e tensões entre longo e curto prazo. E as empresas, mais que governos ou outras organizações, estarão no comando dessas revoluções. Um comando que se exercerá pelos princípios da Governança Corporativa". Diríamos que a sustentabilidade é tão essencial à atividade econômica quanto a longevidade o é para a própria vida.

Com essa inspiração desenvolvemos o seguinte pensamento: a partir da explicação das três dimensões de Governança: a Global, a do Estado-Nação e a Corporativa e Institucional, chamamos a atenção do grande impacto da sociedade em rede formada a partir da virada para o século XXI, com o empoderamento da opinião coletiva. Introduzimos, em seguida, aspectos estruturais do processo de Governança Corporativa e enfatizamos a escolha do mundo empresarial na busca maior em resultados em detrimento de valores e, consequentemente, o acirramento dos conflitos de agência. Evidenciamos que as falhas no sistema de fiscalização e controle corporativos estimularam e facilitaram a capilaridade dos esquemas de corrupção em todas as instâncias de governança.

Aliando a este contexto, os quatro princípios da boa governança: equidade, prestação responsável de contas à sociedade, transparência e conformidade legal, chegamos à importância e necessidade dos códigos de conduta no contexto atual corporativo e institucional, de sua eficácia e utilidade.

Terminamos apresentando a evolução da utilização dos códigos de conduta no Brasil e a percepção empresarial sobre eles.

---

42 ELKINGTON, John. *Cannibals with forks*: triple bottom line of 21st century business. London: Wiley, 1997.

2.1 Dimensões de governança, sociedade em rede e os impactos da covid-19 no planeta

Chamamos a atenção para as dimensões e a universalidade dos princípios da Governança. Entendendo como dimensões a Global, dos Estados-Nações e a Corporativa. E os Princípios que permeiam todas estas três dimensões: *compliance*, conformidade legal; prestação responsável de contas à sociedade; equidade e transparência, todos considerados pela sociedade civil mundial como irrecusáveis.

Figura 15 – Universalidade dos princípios de governança

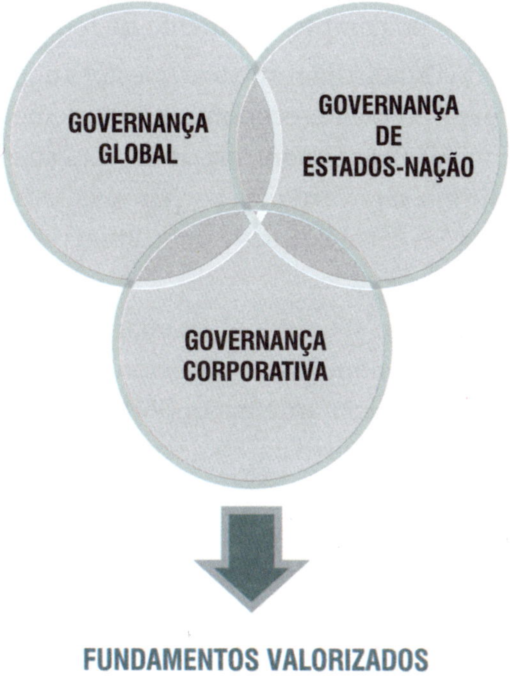

FUNDAMENTOS VALORIZADOS

Compliance, disclosure, accountability, fairness (senso de justiça)
Em alta: liberdades civis, acesso a informações, ativismo, mobilização de forças de controle.

Fonte: SOLÉ, A. *RI*, n. 241.

Governança global é o jargão que se legitimou depois da Guerra Fria para designar a maneira pela qual o mundo se articula graças à cooperação. A expressão reflete simultâneo aumento da participação e influência de agentes da sociedade civil – principalmente do empresariado e do terceiro setor – em processos que criam e gerenciam acordos e organizações internacionais. A governança global reside no processo de construção das instituições como a ONU, FMI, OMC e dos regimes internacionais para a regulação dos desafios contemporâneos, portanto, não deve ser confundida com um "governo global". Quando trabalhamos, por exemplo, na direção dos objetivos do milênio, das questões inerentes à sustentabilidade planetária e dos direitos humanos, estamos focados na governança global. Existem questões sobre as quais não se pode vacilar, a sociedade está consciente de sua importância e de que a solução está na participação, ou seja, no envolvimento e no comprometimento de todos.

A governança do Estado diz respeito a questões dos países: soberania, relacionamentos, força política e econômica, voz democrática, poder da opinião pública, ambiente legal e controle da corrupção em todos os níveis da sociedade. Por último, a governança corporativa focada no mundo dos negócios, das corporações e instituições e o seu atual poder para influenciar todas as instâncias da sociedade.

A primeira década do século XXI foi marcada por surpreendentes acontecimentos, crises econômicas, institucionais, ataques terroristas e outros, cujos impactos evidenciaram uma importante transposição das boas práticas de governança corporativa para a governança global, resultando na Reforma da Regulação Financeira Internacional e sua necessária supervisão mundial. Emergiu o grupo G20, com inesperada importância adquirida, à medida que foi sendo capaz de definir medidas de regulação financeira que respondessem à necessidade de aumentar a capacidade de resiliência aos choques financeiros nacionais e diminuir a exposição de países e empresas aos riscos inerentes à crise.

Na segunda década, nos parece que a governança dos Estados-Nação vem adquirindo um protagonismo mundial preocupante, depois da eleição do Presidente Trump nos EUA, do Brexit e as reações mais nacionalistas em outros países europeus, colocando em risco a ideia anteriormente concebida por McLuhan[43] de uma aldeia global. Os problemas decorrentes principalmente do processo de imigração e a questão do desemprego forçaram a atenção desses governos a um olhar mais interno, em detrimento da criação de uma sociedade mais global.

De acordo com Lynn JR,[44] de uma Governança dos Estados focada no Estado e na independência relativa entre sociedade civil, mercados e governos, temos assistido a um fortalecimento convergente entre governos e sociedade civil com certo deslocamento do mercado, refletidos na figura a seguir, tendência que, se confirmada, trará novos e complexos desafios, tanto para a governança global quanto para a governança dos Estados.

Figura 16 – Evolução de uma boa governança para uma governança baseada na sociedade civil

Fonte: LYNN JR., Laurence E., 2012.

---

43 MCLUHAN, Marshall. *Os meios de comunicação como extensões do homem*. Nova York: Mc Graw Hill, 1964.
44 LYNN JR., Laurence E. *The many faces of Governance*: adaptation?: Transformation?: Both?: Or neither?. The Oxford Handbook of Governance. London: David Levi-Faur, 2012.

Considerando outras tendências defendidas por vários autores, como Cozer,[45] a confluência de três delas de longo prazo no mundo dos negócios nos parece relevante: a mudança de uma economia de bens para serviços, a rápida expansão de redes eletrônicas e a mensuração dos resultados da interligação entre as questões econômicas, sociais e ambientais.

Foi dado o tom digital, potencializando a ciência da Administração pela tecnologia de informação, que através da combinação de sistemas de *software* e *hardware*, implementaram uma grande velocidade no processo de informação, automatizando as tomadas de decisão e provocando o encurtamento das distâncias.

A revolução provocada pela tecnologia de informação, aliada à reestruturação do capitalismo, criou a sociedade em rede, que, de acordo com Castells,[46] é caracterizada por:

- globalização das atividades econômicas;
- flexibilidade;
- instabilidade de emprego;
- individualização da mão de obra;
- cultura de virtualidade: mídia onipresente e altamente diversificada;
- transformação das bases materiais da vida: o tempo e o espaço, mediante a criação de um espaço de fluxos como expressão das atividades e elites dominantes. Locais não visíveis, porque virtuais, mas que mudaram as formas de ação e as orientações básicas da cultura;
- Internet das coisas.

A sociedade em rede, sintetiza Castells, além de ter criado novos desafios para o sucesso no mundo corporativo como: criatividade, negociação e

---

45 COZER, Matheus Tavares da Silva. *A retórica da governança corporativa*: uma abordagem em um ambiente de capitalismo de laços. FEI, 2011.
46 CASTELLS, Manuel. *A era da informação*: economia, sociedade e cultura. v. 2. O poder da Identidade. 5. ed. Paz e Terra, 1999.

capacidade de mobilização, gerou também uma nova forma de poder, que é, a um só tempo, identificável e difusa. O poder atual encontra-se na mente das pessoas. Sabemos o que ele é, contudo não podemos tê-lo, porque passou a ser uma função dos *códigos de informação* e das imagens de representação em torno dos quais as sociedades organizam suas instituições e as pessoas constroem suas vidas e definem o seu comportamento.

Os movimentos populares do final da primeira década do século XXI, ocorridos na Tunísia, Islândia, países árabes, Espanha, Grécia, Portugal, Itália, Inglaterra, Israel, EUA, Brasil, Ucrânia, Hong Kong, etc. confirmaram o fortalecimento das plataformas Facebook e Twitter como base de contato e comunicação. Esses movimentos têm alavancado mudanças sociais e estão construindo novos códigos para a vida social e corporativa. A competitividade corporativa passa agora pelo entendimento desse contexto e pela capacidade de criar seus próprios códigos que façam sentido para seus funcionários e sirvam de referência para posturas e atitudes diante dos inúmeros desafios atuais.

A sociedade em rede está se fortalecendo e com certeza impactará o mundo corporativo e o sistema capitalista muito mais do que já fez até o momento. De forma geral, percebemos um fortalecimento da consciência coletiva mundial na direção de posturas mais críticas referentes a questões morais, na maior maturidade no exercício da cidadania e principalmente no empoderamento da opinião coletiva. Estamos presenciando o nascimento de um tribunal mundial da opinião pública!

Alinhados a todo esse contexto, os mais recentes princípios da gestão estratégica das instituições e corporações sugerem que os objetivos estratégicos alcancem um conjunto ampliado de interesses, de alcance interno e externo. Os próprios investidores esperam que as companhias atendam às demandas da sociedade, em sua mais abrangente configuração, pois esse posicionamento maximiza sua reputação e o seu valor de mercado. Como afirmam Monks e Minow:[47] "No século XXI, e à medida

---

47 MONKS, Robert A. G.; MINOW, Nell. *Watching the watchers*: corporate governance for the 21st century. Oxford: Blackwell Publishers. Inc., 1996.

que as empresas forem criando um mundo sem fronteiras e de mercados globais, o foco estratégico será o de assegurar que o poder corporativo seja compatível com os novos padrões de responsabilidade para com as pessoas e a sociedade".

Sociedade em rede, crescimento exponencial da capacidade de processamento dos computadores, empoderamento da opinião pública e todas as respectivas incertezas geradas parecem levantar o grande desafio para a terceira década do século XXI: criar formas de governança adequadas ao ritmo febril das transformações.

Comentado no primeiro capítulo, a Declaração Digital de Davos 2019 evidencia exatamente uma das iniciativas do mundo corporativo nesse contexto de mudanças tão significativas que afetam não só as empresas mas também os consumidores no mundo digital.

À medida que caminhamos em direção à era da conectividade inteligente, a combinação da hiperconectividade, habilitada por 5G e internet das coisas, com a poderosa inteligência proporcionada por *big data* e inteligência artificial, transformará estruturalmente todas as indústrias. A chegada das redes 5G e o seu amplo acesso irá turbinar o mundo corporativo, colocando em xeque a confiança nas empresas, de um lado, com clientes aumentando cada dia que passa expectativas de serviços digitais.

CEOS de 40 expressivas empresas, que conhecem os desafios advindos dessa transformação digital perceberam que as correntes sociais, tecnológicas, políticas e econômicas estão se combinando para introduzir uma disrupção em todas as indústrias. E essa Declaração Digital levanta a necessidade de formar uma liderança responsável nessa era digital, na busca de um futuro melhor para as empresa, clientes e sociedade.

Essa declaração consta de um conjunto de princípios éticos que permitirão ao mundo corporativo disfrutar de um futuro digital que incremente a confiança do consumidor na era digital, prometa um crescimento inclusivo com oportunidades para todos e que garanta uma ambiência adequada para a inovação contínua. Os objetivos e os princípios da declaração digital são assim apresentados no esquema a seguir:

Esquema 1 –   Objetivos e princípios da Declaração Digital de Davos, 2019

OBJETIVOS	PRINCÍPIOS
Incrementar a confiança do consumidor na era digital através de	**RESPEITO**: Tratamento de dados pessoais conforme os desejos dos indivíduos. **PROTEÇÃO**: As experiências acontecem em lugar e ambiência segura. **SEGURANÇA**: Garantir a cooperação entre as partes interessadas para mitigar as ameaças da cibersecurity.
Prometer um crescimento inclusivo e com oportunidades para todos através de	**INCLUSÃO**: Incrementa-se a possibilidade de conectividade e tecnologias digitais a todos. **ABERTURA**: Promoção da liberdade de expressão e o acesso à informação. **EQUIDADE**: Ofertar oportunidade de aprendizado, criação, realização de transações e comunicação a todas as pessoas.
Garantir uma ambiência adequada para a inovação contínua que seja	**DINÂMICA**: Fomentar o progresso através da competência e flexibilidade. **CONSTRUTIVA**: Promoção da colaboração e diálogo entre distintas regiões e partes interessadas. **SUSTENTÁVEL**: Fomentar uma ambiência em que as empresa possam alcançar seus objetivos econômicos, ambientais e sociais.

Fonte: https://www.gsma.com/betterfuture/digitaldeclaration.

Em maio de 2020, Solé chama a atenção para os primeiros impactos do coronavírus nas instâncias de governança, em um artigo intitulado "Os impactos do coronavírus na governança: transversalidade, resiliência, integridade e sincronicidade", citando fundamentos que passaram a ser percebidos no nosso dia a dia. A figura a seguir sintetiza de forma gráfica o que ainda pode ser comprovado.

Figura 17 – Impacto do coronavírus no curto prazo: transversalidade, resiliência, integridade e sicronicidade

Fonte: SOLÉ, A. A. Os impactos do coronavírus na governança: transversalidade, resiliência, integridade e sincronicidade. *RI*, ed. 241, p. 29, maio 2020.

As instâncias de governança – global, dos países, e a corporativa – que mantinham uma dinâmica de evolução independente, sendo interligadas e suportadas pelos valores da boa governança – *compliance*, transparência, prestação responsável de contas e senso de justiça – passaram a experimentar o princípio da transversalidade, atingindo todos os setores da economia mundial, impactando, inclusive, a dinâmica dos pequenos negócios e núcleos familiares. Entendendo transversalidade como particularidade ou característica de um fato que fornece instrumentos para compreender outros por meio da evidenciação das relações entre elas. Ou seja, através da dinâmica e do efeito desse vírus nas relações em cada instância de governança, compreendemos as dinâmicas relacionais das outras dimensões. A covid-19 transformou o planeta em um campo de prova, exigindo que todas as organizações multilaterais, nacionais e corporativas trabalhassem em conjunto para minimizar o seu impacto e a sua expansão.

Ao mesmo tempo, éramos, e de uma certa forma continuamos a ser, convidados diuturnamente a aumentar o nosso grau de RESILIÊNCIA. A cada expediente tínhamos notícias inusitadas, de grandes magnitudes, com impactos nacionais e internacionais, cujas respostas não eram claras, sendo, na maioria das vezes, incertas, imprecisas e indefinidas.

Independentemente da dimensão que se queira levar em conta, pessoal, organizacional, nacional, ou planetária, o grande desafio durante e pós-pandemia me parece ter sido garantir a INTEGRIDADE. O terceiro impacto causado pela covid-19: passe o que tiver que passar, o planeta, os países, as organizações e cada ser humano teriam que sobreviver e se manterem íntegros. No nível pessoal, o combate ao coronavírus tem chamado a atenção e estimulado cada pessoa a garantir a sua integridade física, mental, emocional e espiritual. Fomos obrigados a colocar o pé no freio no ritmo frenético e quase autônomo que estávamos. Desaceleramos, ficamos distantes socialmente e lidamos com um grau de incerteza absurdo, caracterizado por não conseguirmos prever sequer o que ocorrerá no próximo mês. Fomos e continuamos a ser convidados a privilegiar o básico, o simples, o necessário, o possível no momento e a pensar naquilo que realmente faz sentido no meio disso tudo.

Percebemos rapidamente que a vitória contra o coronavírus dependeria da SINCRONICIDADE, o quarto impacto, das atitudes individuais na direção do entendimento de que SOMOS TODOS UM. E aqui precisa-se destacar e valorizar as atitudes comportamentais escolhidas pela sociedade atual na tratativa da covid-19 em relação aos comportamentos adotados em pandemias anteriores.

Podemos considerar que tivemos um grande choque a cada cem anos, rigorosamente: 1720, *la gran plaga* de Marsella; 1820, *pandemia de cólera*; 1920, *la gripe española*; 2020, a *covid-19*. De acordo Oosterbeck (2020), a reação frente às pandemias e epidemias anteriores era a de "isolar o problema" (se necessário, condenando os infectados) e "prosseguir a vida da sociedade" (protegendo a economia tal como funcionava antes). Pela primeira vez, em todos os continentes e tradições culturais, a atitude foi distinta. Com a covid-19 e o grande confinamento, a sociedade atual optou pela proteção material das vidas, apostando na tangibilidade dos afetos no médio prazo. Estamos vivendo o tsunami de uma mudança em que os antigos interesses institucionais e corporativos terão dificuldade em se sobrepor ao clamor para que "ninguém fique para trás".

Ainda dentro do racional de Oosterbeck, os valores que essa mudança enunciou foram: **VIDA, PROTEÇÃO, SOLIDARIEDADE E HUMANIDADE.** As empresas que melhor perceberem esse fenômeno tendem a se posicionar melhor no mercado nesse momento – que combina ruptura socioeconômica, novas tecnologias, novas necessidades, que convoca novos valores –, e, entre incertezas, tentativas e erros, irão se estruturar nas próximas décadas.

Comportamentos evoluem sempre, redefinindo hábitos e costumes, reduzindo a prática de valores tradicionais, acrescentando novos. Mas essa crise colocou em xeque nossos princípios de convivência, fortalecendo conscientizações coletivas na direção da valorização do que é realmente útil e pertinente, da compreensão da importância individual e social do trabalho, da valorização do trabalho como instrumento de geração e de acesso a bens e serviços, da importância das atitudes individuais para a vida em sociedade e dos princípios básicos que regem o funcionamento das cadeias de produção e do sistema econômico como um todo.

A Agenda ESG traduz boa parte dessa conscientização, quando antecipou uma série de tendências corporativas que se tornaram práticas no mundo corporativo e institucional de forma quase instantânea, impactando os direcionamentos estratégicos e os focos dos conselhos. A força desse impacto tem exigido uma proximidade maior entre as instâncias principais de governança: proprietários, conselho e diretoria executiva influenciando de forma positiva a dinâmica estratégica das empresas.

2.2 O papel dos atores principais da governança corporativa, o foco em resultados e os conflitos de agência

De acordo com o Código de Boas Práticas de Governança Corporativa do IBGC,[48] Governança Corporativa "é o sistema pelo qual as organizações são dirigidas, monitoradas e incentivadas, envolvendo os relacionamentos entre proprietários, Conselho de Administração, Diretoria e órgãos de fiscalização e controle, e demais partes interessadas. As boas práticas de Governança Corporativa convertem princípios básicos em recomendações objetivas, alinhando interesses com a finalidade de preservar e otimizar o valor econômico de longo prazo da organização, facilitando o seu acesso a recursos, e contribuindo para a qualidade da gestão da organização, sua longevidade e o bem comum"

A governança corporativa se expressa, portanto, basicamente por um sistema de relações entre quatro atores: os sócios, o conselho de administração, a diretoria executiva, e as outras partes interessadas da empresa. De acordo com Andrade e Rossetti,[49] o que define a extensão e os objetivos desse relacionamento é a assimilação, pelos sócios, de responsabilidades corporativas, voltadas para objetivos emergentes, como sociais, ambientais e com atores da cadeia de negócios, a montante e a jusante. O que eles esperam, em contrapartida, é a ampla validação dos resultados da empresa e a sustentação de sua imagem positiva, isto é, a reputação corporativa no longo prazo.

No ambiente interno, para as outras partes envolvidas nos processos e nas práticas de governança, são estabelecidas linhas de relacionamento definidas pelo Conselho e implementadas pela diretoria executiva, conciliando as demandas legítimas com o propósito econômico da corporação, que é o máximo retorno esperado pelos investidores. Compete ao conselho de administração, na qualidade de representante fiduciário dos

---

[48] IBGC. *Código de Boas Práticas de Governança Corporativa*. 5. ed. 2015. Disponível em: http://www.ibgc.org.br/userfiles/files/Publicacoes/Publicacao-IBGCCodigo-CodigodasMelhoresPraticasdeGC-5aEdicao.pdf.

[49] ANDRADE, Adriana; ROSSETTI, José Paschoal Rossetti. *Governança corporativa*: fundamentos, desenvolvimento e tendências. São Paulo: Atlas, 2014.

sócios, definir as políticas de relacionamento com os demais *stakeholders*. Já à diretoria executiva cabe implementar essas políticas, olhando para a gestão estratégica das suas demandas. As partes interessadas emitirão sinais que reforçam a legitimidade da atuação executiva.

Em síntese, as boas práticas de governança corporativa legitimam tanto os interesses dos *shareholders* como os dos demais *stakeholders* e estão voltadas para a geração de valor e para a perenidade das empresas, buscando a geração do máximo retorno aos acionistas em harmonia com outros interesses internos e externos. Elas são vistas como fundamentais para a criação de um ambiente de negócios saudável e confiável, o que é de suma importância para o desenvolvimento do mercado de capitais, a capitalização das empresas e o crescimento econômico das nações.

Infelizmente, na prática, e comprovado amplamente pela dinâmica observada do mundo corporativo no final da década de 1990 e nestas duas décadas do século XXI, privilegiou-se a lógica de gestão fundamentada no máximo retorno total dos *shareholders*, dando espaço ao acirramento dos conflitos de agência internos, negligenciando os controles sobre os mesmos.

Importante pontuar que, embora legítima e fundamentada tanto no direito de propriedade quanto na objetividade do foco gerencial em resultados, esta abordagem de governança orientada aos *shareholders* foi levada a extremos pelo mundo corporativo, desconsiderando o gerenciamento dos negócios como todo, dando pouca atenção a fatores não econômicos e afetando a reputação e o valor de mercado de inúmeras companhias. Nos parece que na existência de um conflito entre valores e resultado, o foco e a decisão escolhida de maneira geral no mundo corporativo foi no resultado. Isto significa fazer o que for preciso para obter resultado, mesmo que implique mentir, ludibriar, enganar e assim por diante.

Os conflitos de agência, conflitos de interesse entre acionistas e gestores decorrentes da pulverização do capital de controle e do divórcio entre propriedade do capital e gestão já tão consagrados no estudo de governança corporativa, e que dificilmente serão eliminados, foram acirrados no século XXI. A inexistência do contrato completo e do agente perfeito, razões destes conflitos e sintetizados teoricamente pelos Axiomas de Klein e Jensen Meckling,[50] teve um campo fértil para crescimento nessas duas ultimas décadas e confirmaram o efeito nefasto da negligência dos controles corporativos e institucionais na dinâmica de evolução das empresas.

Reforçando e ampliando esse raciocínio, a Nova Economia Institucional – NEI, foco de três Nobel de Economia, que se desenvolveu a partir da segunda metade do século XX com os estudos de Ronald H. Coase,[51] fortalecida e expandida por Williamson,[52] reconhece que além dos tradicionais custos de produção, as corporações incorporam os custos adicionais decorrentes da utilização do sistema econômico, referenciado por contratos, denominados *custos de transações*.

Os custos de transação podem ser classificados em dois tipos: O *ex ante* e *ex post*. Entre os primeiros, citados acima, estão os custos de coletar informações, desenhar, negociar e estabelecer salvaguardas para os negócios e acordos que se estabelecem sob a forma de contratos. Os *ex post* são derivados da necessidade de adaptar, renegociar e fiscalizar os contratos através do monitoramento de cláusulas, implicando custos incorridos nas mudanças da estrutura de governança mais adequada aos contratos.

Essa teoria dos custos de transação reforça e amplia também o Axioma de Jensen e Meckling, através de seus dois pressupostos básicos:

- a racionalidade limitada dos agentes econômicos;
- o oportunismo presente nas ações dos agentes econômicos.

Williamson[53] postula que diante das incertezas e complexidades do mundo econômico e da presença de *gaps* de informação e competência, a racionalidade dos agentes econômicos é limitada. Esses agentes se tornam incapazes de antecipadamente prever e estabelecer medidas corretivas para qualquer evento que possa ocorrer quando da futura realização da transação.

---

50 JENSEN, Michael C.; MECKLING, William H. The nature of man. *Journal of Applied Corporate Finance*, v. 7, n. 2, 1994.
51 COASE, R. H. (1937). The nature of firm. In: WILLIAMSON, O.; WINTER, S. (Ed.). *The nature of firm*: origins, evolution and development. Oxford: Oxford University Press, 1993.
52 WILLIAMSON, O. *Mechanism of governance*. New York: Oxford University Press, 1996.
53 WILLIAMSON, O. *Mechanism of governance*. New York: Oxford University Press, 1996.

A presença de assimetrias de informações, aliada à busca do interesse próprio, favorece o oportunismo no *ex ante* e *ex post*, quando uma das partes da transação pode adotar atitudes que afetam a avaliação do valor de negócio por parte dos outros agentes, sem que estes possam monitorar e/ou impor a execução perfeita de tais atitudes.

O que vivenciamos desde o início do século com as crises americanas de 2001 e 2008, passando pelas crises corporativas e institucionais em vários países, demonstra claramente que o oportunismo dos agentes econômicos e falhas contratuais culminaram nesta situação caótica, em que a corrupção contaminou todas as instâncias de governança em boa parte do planeta. A falta de controle e fiscalização fragilizou resultados, machucou a reputação de importantes empresas e comprometeu a sustentabilidade delas no longo prazo. Ambos, o processo de corrupção e a falta de controle e fiscalização no Brasil, criaram um gigantesco mecanismo nefasto de exploração entre setor privado e público, juridicamente estruturado, com a função básica de desviar recursos públicos na direção de benefícios autoconcedidos.

Entendemos que um sistema de governança corporativa formalmente implantado em qualquer empresa e ou instituição de qualquer tipo só funcionará se tiver atrelado a seus principais atores um robusto sistema de fiscalização e controle. E esse sistema de fiscalização e controle tende a ser insuficiente se não for traduzido em códigos capazes de inspirar e orientar as pessoas a agir pelas coisas e causas certas pelas razões corretas.

A Covid-19, recessão econômica, eventos climáticos extremos, inquietações, movimentos sociais e um cenário de crescente polarização política desenham um panorama intimidador e de alto risco para os negócios a partir de 2021. A volatilidade global aumentará o desafio, impulsionada por tensões comerciais e geopolíticas, bem como fontes de financiamento e administração das dívidas, disrupção tecnológica e dos modelos de negócios, ascensão do risco cibernético e o escrutínio regulatório. Com base em diversas pesquisas, estudos e interações com membros de conselhos de administração e líderes executivos, a KPMG no seu estudo "Conselho de administração: prioridades para a Agenda 2021" levantou nove temas considerados prioritários para fazer parte da agenda dos conselhos de administração, demonstrando que a pressão sobre o conselho de administração, a gestão, os funcionários e a governança em geral serão bastante significativos daqui para frente. Sintetizamos os itens recomendados:

1. Manter o foco na resposta da administração à covid-19, sem perder de vista o cenário geral dos negócios;
2. Fazer da gestão do capital humano e da sucessão do CEO prioridades;
3. Questionar se a empresa está fazendo o suficiente para promover mudanças reais e duradouras no combate ao preconceito sistêmico (bias) e ao racismo;
4. Reavaliar o foco da empresa em ESG e seu propósito corporativo;
5. Reavaliar se os planos de resposta e resiliência a crises estão alinhados à estrutura de gerenciamento de riscos (ERM) da empresa;
6. Abordar a segurança cibernética e a privacidade de dados de forma holística – governança da informação;
7. Atuar na definição do *tone-at-the-top* e monitorar a cultura corporativa;
8. Construa um Conselho que represente a estratégia da empresa e suas futuras necessidades;
9. Ser proativo no engajamento com acionistas e ativistas.

De acordo com 2021 Corporate Governance Factbook OECD, no curto prazo, os governos de forma geral tiveram que adaptar suas estruturas regulamentares para responder às circunstâncias impostas pela pandemia de covid-19, acomodando reuniões virtuais de acionistas e votação eletrônica a distancia. As empresas tiveram que reforçar a responsabilização dos seus administradores e melhorar a divulgação de transações com partes relacionadas, e os investidores institucionais foram orientados a divulgar seus códigos de conduta e princípios de governança e exigirem que as empresas beneficiadas adotem os seus códigos de conduta e regimentos.

2.3 Os princípios da governança, a importância do sistema de fiscalização e controle, *compliance* e códigos de conduta

Não há dúvida de que a grande contribuição oferecida pela governança corporativa à administração de empresas foi a adição dos princípios éticos aos princípios técnicos desenvolvidos pela chamada "administração científica", cujos primeiros passos remontam à Revolução Industrial e cuja maturidade se alcançou no estágio inicial do século XX, com o impressionante trabalho desenvolvido por Taylor, Fayol, Ford, Sloan, Morgan e outros.

Deu-se, dessa forma, uma nova dimensão à arte de gerenciar as empresas – as grandes, em particular –, valorizando a função "controle", estabelecendo claros divisores entre os papéis de sócios e de administradores e criando a figura do *stakeholder*, que, mais do que uma "parte interessada", deve ser visto como um investidor indireto, pois clientes, empregados, fornecedores, credores, comunidades e até governos – e não apenas os sócios – também assumem riscos expressivos em seu relacionamento com determinada empresa.

Hoje, ao considerar o stakeholder como um investidor indireto, temos grandemente facilitada a sempre espinhosa tarefa de administrar conflitos de interesses, pela anteposição, a estes, da ideia de "parceria" embutida no conceito de stakeholder. Lembrar que essa palavra, para a qual não temos uma tradução perfeita, deriva de *stake*, que em inglês tem o sentido de aposta e de risco também.

Voltando aos princípios éticos, verificamos que sua adoção é consequência natural e necessária das enormes transformações experimentadas pela sociedade na segunda metade do século passado -- período no qual surgiram as maiores conquistas tecnológicas da História, muito especialmente no tocante à comunicação e à ideia de universalidade que começou a se impor no questionamento de conceitos arraigados, como o de "criar valor para os sócios" como objetivo maior de qualquer atividade empresarial. Hoje o pensamento substitutivo é "criar valor para a sociedade, a começar pelos sócios".

Nesse contexto, como já enfatizamos, a pressão da opinião pública ganhou muita força, a ponto de, nos países mais desenvolvidos, influenciar governos e empresas no desenho das respectivas estratégias. Uma dessas pressões, que se torna cada vez mais atuante com o passar do tempo, é a demanda por transparência, tanto no âmbito familiar, escolar, como no empresarial ou governamental.

Da leitura cotidiana de nossos noticiários, somos induzidos a acreditar que a corrupção, por exemplo, campeia livremente e aumenta a cada dia. Estamos enganados se pensamos assim, porque o que de fato tem aumentado ininterruptamente é a transparência e, por meio dela, o conhecimento público das práticas de corrupção. Não foi por outra razão que atualmente temos a Lei da Ficha Limpa e a Lei Anticorrupção. A confortante realidade é que a corrupção está em declínio acentuado, na razão inversa à do crescimento acelerado da transparência.

Como princípio ético e de governança, a transparência – mais do que obrigação – é o desejo de informar tudo aquilo que, no plano empresarial (por exemplo), possa afetar significativamente os interesses dos *stakeholders*, os quais, mais bem informados, terão melhores condições de analisar os riscos que estão assumindo.

A transparência só é completa quando envolve a franqueza, consistindo esta em expor, em paralelo, na comunicação institucional, tanto os aspectos positivos (crescimento das receitas e das margens, da participação nos mercados, prêmios conquistados etc.), como os negativos do desempenho, tais como problemas identificados e pendentes de solução, metas estratégicas não alcançadas, variações negativas em alguns indicadores operacionais ou financeiros, que, até alguns anos atrás, raramente seriam citados nos relatórios distribuídos aos acionistas e mercado.

Além da transparência, consideramos a existência de outros três valores bem típicos de uma boa governança: equidade, prestação responsável de contas à sociedade e Conformidade legal. Cada um desses se faz entender da seguinte forma:

- **equidade**, de acordo com a quinta edição do *Código de Boas Práticas de Governança Corporativa do IBGC*, caracteriza-se pelo tratamento justo e isonômico de todos os sócios e demais partes interessadas (*stakeholders*), levando em consideração seus direitos, deveres, necessidades, interesses e expectativas;
- **prestação responsável de contas** (*accountability*) refere-se ao dever de prestar contas de sua atuação por parte de todos os agentes de governança (indivíduos e órgãos envolvidos no sistema, tais como: sócios, administradores, conselheiros fiscais e de administração, auditores etc.) de modo claro, conciso e compreensível, assumindo integralmente as consequências de seus atos e omissões e atuando com diligência e responsabilidade no âmbito dos seus papéis;
- *compliance*, conformidade no cumprimento de normas reguladoras, expressas nos estatutos sociais, nos regimentos internos e nas instituições legais do país. *Compliance*, em sentido literal significa "estar em conformidade com" e no âmbito corporativo significa que a empresa deve cumprir e observar rigorosamente a legislação à qual é submetida, aplicando princípios éticos nas suas tomadas de decisões, preservando e garantindo a integridade e resiliência corporativas, assim como as de seus colaboradores e da alta administração. O conceito de *compliance* diz respeito, portanto, tanto a pessoa jurídica quanto física, e sua abrangência passa por oito campos legais: trabalhista, ambiental, tributário e financeiro, concorrencial, criminal, regulatório, anticorrupção e aqueles relacionados a terceiros que interagem com a organização.

É importante ressaltar que o IBGC, o Instituto Brasileiro de Governança Corporativa, considera também como um dos princípios básicos de governança corporativa a **responsabilidade corporativa**, traduzida em seu código de boas práticas como o zelo pela viabilidade econômico-financeira das organizações na direção da redução das externalidades negativas de seus negócios e suas operações e aumentar as positivas, levando em consideração, no seu modelo de negócios, os diversos capitais (financeiro, manufaturado, intelectual, humano, social, reputacional etc.), no curto, médio e longo prazos.

Segundo o mesmo instituto, os agentes principais de governança, acionistas, conselho de administração e diretoria executiva, sobretudo os membros do conselho de administração, têm responsabilidade de assegurar que toda a organização esteja em conformidade com seus princípios e valores, refletidos em políticas, procedimentos e normas internas, e com as leis e os dispositivos a que esteja submetida. Significa, na prática, que ao conselho de administração cabe garantir que a diretoria identifique, mitigue e monitore os riscos da organização, bem como a integridade do sistema de controle interno.

Figura 18 – Contexto e estrutura do sistema de governança corporativa

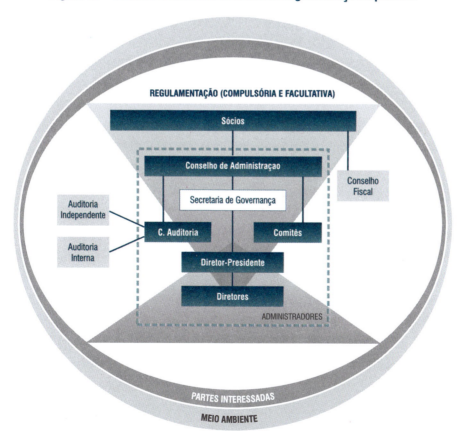

Fonte: Código Brasileiro de Governança Corporativa, 2016, página 16.

Entendemos que o ambiente em que se define um processo de boa governança é composto pelos sócios, pelos seus administradores, por sistemas de controle e fiscalização.

O ambiente de fiscalização e controle deve ser integrado por cinco órgãos: Conselho Fiscal, Auditoria Independente, Comitê de Auditoria, Auditoria Interna e *Compliance*, cujas atribuições estão resumidas no esquema a seguir, ampliadas pelos autores de Andrade e Rossetti.[54]

---

54 ANDRADE, Adriana; ROSSETTI, José Paschoal Rossetti. *Governança corporativa:* fundamentos, desenvolvimento e tendências. São Paulo: Atlas, 2014.

Esquema 2 – O conselho fiscal, auditorias e *compliance*

ÓRGÃOS DO AMBIENTE DE FISCALIZAÇÃO E CONTROLE	PRINCIPAIS ATRIBUIÇÕES
Conselho fiscal (eleito pela AG)	• Fiscalizar atos dos administradores. • Opinar sobre o relatório anual de administração. • Analisar e emitir opinião sobre demonstrações financeiras. • Acompanhar o trabalho dos auditores independentes. • Denunciar irregularidades e fraudes.
Comitê de auditoria	• Acompanhar e avaliar o ambiente de controle e auditoria externa e interna. • Identificar, avaliar e analisar os riscos relevantes da companhia. • Supervisionar a elaboração dos relatórios financeiros.
Auditoria independente	• Verificar a conformidade no cumprimento de disposições legais. • Opinar se as demonstrações de resultados refletem adequadamente a realidade da sociedade.

Auditoria interna	• Organizar o ambiente interno de controle, de forma aleatória e periódica, a fim de certificar o cumprimento das normas e processos e a eficácia dos controles.
	• Intergir e contribuir com o sistema de auditoria estabelecido pela Assembleia Geral e pelo Conselho de Administração.
	• Implantar sistemas de controle e de auditoria, abrangendo todos os processos, práticas e rotinas internas.
	• Exigir que os relatórios contábil-financeiros sejam:
	  - Aderentes às leis e regulamentos aplicáveis às operações da companhia.
	  - Confiáveis, abrangentes e oportunos.

Compliance	• Monitorar e assegurar que as diversas unidades da organização estejam em conformidade com a regulação aplicável ao negócio. • Comunicar, treinar, executar, implantar controles e criar uma cultura de *compliance*. • Engloba e acompanha os pontos falhos identificados pela auditoria até a sua regularização e internalização. INTEGRIDADE E RESILIÊNCIA.

Fonte: ANDRADE; ROSSETTI, 2014.

Já enunciadas na definição de *compliance*, enfatizamos e qualificamos melhor as duas palavras-chave que o processo de *compliance* trouxe ao mundo corporativo e institucional: Resiliência e Integridade.

Resiliência é a capacidade da organização de se recuperar e reagir sempre que sua integridade for ameaçada, diante de situação de alta criticidade; e integridade é capacidade da mesma em agir em consonância com sua visão e missão. Entendemos, e a prática atesta, que, para estar em conformidade com as regras a ela aplicáveis, de modo a garantir sua integridade e resiliência, não basta que a organização preveja em sua missão e visão a adoção de uma conduta ética e espere passivamente que a totalidade de colaboradores a observarão em todas as suas atividades, todo o tempo.

A implantação proativa de mecanismos que facilitam os colaboradores da Organização executarem suas tarefas de forma íntegra é a razão essencial da adoção dos programas de *compliance* e integridade e do foco nos códigos de conduta como instrumento-base desses programas.

É importante pontuar nesse contexto de *compliance*, e que já chamamos a atenção no capítulo anterior, a Lei brasileira 12.846/13, que trata da "responsabilização administrativa e civil de pessoas jurídicas pela prática de atos contra a administração pública, nacional ou estrangeira", apelidada, desde a apresentação e tramitação do projeto submetido pelo Poder Executivo em fevereiro de 2010, de "lei anticorrupção". A lei foi publicada no *DOU* no dia 02 de agosto de 2013. Incorpora alguns conceitos da legislação dos Estados Unidos da América sobre o assunto, *The Foreign Corrupt Practices Act*, publicado em 1977. Trouxe como inovações a responsabilidade objetiva, adoção de penas mais rígidas, abrangência da jurisdição da lei, redução de penalidades através de acordo de leniência e reconhecimento da existência de *compliance* como fator de mitigação de sanções.

A Lei das Estatais, Lei 13.303/2016, também comentada no capítulo anterior, por sua vez, no artigo 9, ressalta a importância do código de conduta nas empresas públicas, de capital misto e todas as entidades públicas sob sua alçada, como um manual e roteiro de procedimentos e atos, que precisa ser constantemente atualizado e reforçado. Canais de denúncia também são valorizados, desde que forneçam proteção a retaliações à pessoa que utilize esse meio.

Setores públicos internacionais utilizam usualmente a palavra integridade, que diz respeito a ações organizacionais e ao comportamento do agente público, referindo-se à adesão e alinhamento consistente aos valores, princípios e normas éticas comuns para sustentar e priorizar o interesse público sobre os interesses privados (OCDE, 2017).

A prática de "promover a integridade" diz respeito à definição e promoção dos valores da organização e dos padrões de conduta esperados dos seus membros, a começar pelo comprometimento da liderança com esses valores e condutas. Os códigos de conduta são o coração dos programas de integridade institucionais e organizacionais uma vez que fomentam a integridade das suas atividades e a das pessoas que as executam, de modo a construir e preservar sua imagem, reputação e credibilidade perante as partes interessadas (OCDE, 2017).

Os artigos 12 e 14 da Lei 13.303/2016 atestam o ponto de vista da OECD e reforçam a sua importância na criação de uma cultura ética organizacional:

> Art. 12. A empresa pública e a sociedade de economia mista deverão: [...] II – adequar constantemente suas práticas ao Código de Conduta e Integridade e a outras regras de boa prática de governança corporativa, na forma estabelecida na regulamentação desta lei. [...]
>
> Art. 14. O acionista controlador da empresa pública e da sociedade de economia mista deverá: I. fazer constar do Código de Conduta e Integridade, aplicável à alta administração, a vedação à divulgação, sem autorização do órgão competente da empresa pública ou da sociedade de economia mista, de informação que possa causar impacto na cotação dos títulos da empresa pública ou da sociedade de economia mista e em suas relações com o mercado ou com consumidores e fornecedores;

2.4 O contexto normativo da boa governança: a delicada questão legalidade x legitimidade

Na questão dos princípios democráticos, chamamos a atenção para a estreita e complexa ligação com o contexto normativo da boa governança do Estado, numa relação entre legalidade e legitimidade. Os códigos de boas práticas de governança e os códigos de conduta, de forma geral, encorajam todos os *stakeholders* de uma organização a serem tanto adeptos da legalidade quanto da legitimidade. O domínio da boa governança consiste nos níveis mais altos da conformidade legal e da legitimidade. A Figura a seguir demonstra o binômio legalidade x legitimidade pontuado por Hilb.[55]

Figura 19 – Contexto normativo de boa governança: legalidade e legitimidade

Fonte: HILB, Maartin. A nova Governança Corporativa.

---

[55] *A nova Governança Corporativa:* ferramentas bem sucedidas para conselhos de administração, 2009.

Em termos de legalidade, entendemos que existem diferenças normativas entre os países naquilo que é legalmente prescrito e no que é socialmente recomendado e defendido pelos códigos existentes. Sabemos que a cultura nacional interage com as leis, principalmente com aquelas que regem o mundo corporativo.

Em se tratando do eixo legalidade/conformidade legal, podemos afirmar que atributos culturais próprios determinam, em grande parte, as disposições normativas em cada país – as quais têm sido duramente impactadas pela falta de observância de princípios basilares da governança corporativa, como objetividade, transparência e prestação responsável de contas à sociedade.

E, no eixo da legitimidade – definindo esse termo como aquilo que é verdadeiro, autêntico, que está de acordo com o bom senso, que é considerado justo –, a cultura, os valores e o empoderamento do cidadão promovido pela sociedade em rede voltam ao centro da discussão. O que pode ser considerado legítimo no que diz respeito aos *stakeholders*? Muitos dos desafios, das escolhas e das decisões tomadas por eles têm sido consideradas legais, mas de difícil entendimento e concordância pela opinião pública.

A competitividade corporativa no século XXI passa necessariamente pelo entendimento desse contexto. Tem crescido a percepção da importância da legitimidade nas ações corporativas frente à sociedade. Michael Porter já lançou as bases da nova competitividade corporativa alicerçada na capacidade de cada empresa "criar valor compartilhado com a sociedade".

Respondendo ao hiato pandêmico de 2020/2021, além do estabelecimento formal do *home office*, o ativismo dos *stakeholders* se desenvolveu e cresceu rapidamente. A pressão por um alinhamento entre lucro e propósito corporativo; a importância da cultura ética organizacional; e principalmente a exigência por mais atenção, transparência e responsabilidade das empresas nas questões ESG proeminenciando o S, O ATRIBUTO SOCIAL, ganhou força nesses dois anos, abrindo uma nova agenda corporativa, que passa a ser condição para aquelas empresas que querem emergir mais solidamente no cenário pós-pandêmico.

Os códigos de conduta, quando bem elaborados, traduzem o correto equilíbrio entre a legalidade e a legitimidade das condutas de todos aqueles que interagem com a empresa e devem levar em consideração nas suas atualizações aquelas condutas novas advindas dessa Agenda ESG.

Além de serem referências comportamentais, os códigos passaram a ser indicação legal, o que significa em primeiro momento que empresas que tenham sólido e efetivo sistema de fiscalização e controle, formalizado através de seus códigos de conduta, poderão ter suas penas reduzidas caso algum de seus funcionários venha a praticar algum ato que seja considerado uma violação das regras legais.

Com esse pensamento, um número realmente significativo de empresas iniciou, desde a publicação da lei, estudos e esforços para a implantação dos referidos mecanismos, com a criação de códigos de ética/conduta, reforço nos processos de auditoria interna, implantação de canais de denúncias, etc.

Parece relevante chamar a atenção para o parágrafo único do mencionado artigo 7º da Lei Anticorrupção, que estipula que a efetividade do programa deverá ser objeto de avaliação:

> Parágrafo único – Os parâmetros de avaliação de mecanismos e procedimentos previstos no inciso VIII do caput serão estabelecidos em regulamento do Poder Executivo Federal.

Estamos presenciando o crescimento de um tribunal mundial da opinião pública impulsionado pela pandemia de covid-19, uma figura até aqui desconhecida: a maioria (poder) representada pela maioria (número), em lugar de uma situação cristalizada ao longo de milênios – da maioria (poder) exercida por uma minoria (elite). A adaptabilidade estratégica, com altíssimo senso de urgência para criação de formas e instrumentos de governança com seus códigos de conduta e boas práticas que acompanhem o ritmo febril das transformações em curso, definirá o sucesso ou o ocaso das empresas nas próximas décadas.

Assim, não basta que as empresas criem belos códigos de conduta e meramente os distribuam entre seus colaboradores como mais um dos muitos documentos que qualquer empregado recebe e/ou assina quando da sua contratação. Há que fazer sentido à organização, que seja referência comportamental, que leve a ter orgulho de pertencer a um grupo e que valha a pena existir. Eis o grande desafio que vamos abordar a seguir.

2.5 Código de conduta: contexto atual, eficácia e utilidade

É importante frisar que não existe código de conduta "genérico". Os códigos têm de levar em consideração todas as especificidades da empresa e do ambiente de negócios em que ela atua.

O contexto atual, tendo a sociedade em rede em formação e a nova economia institucional, cria uma complexidade ímpar para a elaboração de códigos de conduta. Por um lado, o fato de o poder atual estar na mente das pessoas e ser função dos códigos de informação e das imagens de representação que são criados e se multiplicam com incrível rapidez, exige uma atenção e acompanhamento das tecnologias de informação em desenvolvimento, assim como o entendimento assertivo do impacto desses códigos de informação e imagens na estratégia do mundo corporativo. Por outro lado, as várias tipologias de custos de transações de mercado hierárquicas e mistas, estimulando mecanismos de incentivo e controle de comportamentos e a necessária flexibilidade e adaptabilidade do sistema de fiscalização e controle ao longo do tempo, tornam as empresas menos aptas a coordenar de forma eficiente as transações por elas gerenciadas.

A efetividade de normas depende também da crença que aquele que se submete a elas tem em sua aplicação. Isso ocorre não apenas com códigos de conduta, mas, no Brasil, inclusive com leis que "não pegam".

O comportamento humano é de crédito ou descrédito conforme o contexto cultural e independe da hierarquia organizacional.

Como códigos de conduta sugerem regras e padrões comportamentais éticos, para que o sujeito as absorva é necessária uma cultura de integridade (ainda que não possa ser 100% assegurada).

Ao que parece, no atual cenário nacional de corrupção endêmica, os sujeitos desacreditavam que poderiam ser penalizados por condutas moralmente questionáveis ou mesmo ilegais, razão pela qual os referidos códigos não foram efetivos. É triste a constatação de que a quase totalidade das empresas brasileiras envolvidas nos esquemas de corrupção nos últimos cinco anos possuía códigos de conduta.

Internamente, as corporações e instituições, a falta de transparência na tratativa do tema e a percepção generalizada da impunidade interna na não observância às normas de conduta colaboraram para a não efetividade desse instrumento. Os programas até então existentes careciam também de um engajamento da alta administração, uma vez que eram, na maioria dos casos, os principais atores dos esquemas montados para não se cumprirem o que estava preestabelecido em seus códigos. O completo descolamento entre a conduta da alta administração de nossas empresas e os preceitos definidos nos seus códigos nos parece uma das principais causas da pouca ou nenhuma efetividade dos códigos. Ficaram popularmente conhecidos como *"Compliance* de papel".

Atualmente, vivenciamos concomitantemente outro desafio trazido pela Agenda ESG. Focada em direcionar as empresas sob as perspectivas ambientais/ecossistemas, social e de governança em conjunto, tem impulsionado o sentido de responsabilidade corporativa e da expectativa sob o ponto de vista dos investidores e da sociedade em relação às empresas.

Uma das maiores dificuldades ao se aferir a qualidade tanto do programa de *compliance* quanto da aderência à Agenda ESG de uma empresa está em conseguir compreender a efetiva aplicação dos procedimentos e o efetivo comprometimento da alta administração, logrando separar o que é mero discurso da efetiva ação. Assim como tem sido uma das grandes dificuldades para os profissionais de *compliance* os chamados "programas de papel ou", o *GREENWASHING* – lavagem verde – é um desafio para os profissionais e empresas ESG. É de fato um desafio conseguir separar empresas que efetivamente estão comprometidas com a pauta e agindo de forma efetiva daquelas que tão somente estão adotando "lavar" suas embalagens e seu discurso, mas que, na prática, pouco mudaram suas condutas.

A nossa recente experiência corporativa atesta que a simples existência dos códigos não é suficiente para evitar condutas inidôneas dentro das empresas.

De acordo com o belíssimo documento OECD, Ethics Codes and Codes of Conduct as Tools for Promoting na Ethical and professional public service,[56] entendemos que para serem eficazes, os códigos de conduta precisam operar em dois níveis corporativos: institucional e simbólico.

No nível institucional, um código de conduta precisa articular e consensar limites de comportamento e expectativas, evidenciando imparcialidade e aplicabilidade a todos os funcionários. Um código de condutas precisa ter a capacidade de balizar orientações em situações difíceis e pouco claras aos funcionários da empresa.

No nível simbólico, os códigos de conduta precisam deixar implícito um modelo profissional não só do que é necessário, mas também do que é desejável, criando um alto impacto corporativo no fornecimento de padrões pelos quais vale a pena lutar.

É importante que um código de conduta apele para as mais altas emoções e expectativas e consiga articular um sentido especial de desafio e de responsabilidade pessoal e funcional.

Resumindo e tomando como exemplo o Bushido japonês, os códigos de conduta servem para:

- aumentar a probabilidade de um número grande de pessoas se comportarem de determinada maneira;
- orientam as pessoas a agir pelas coisas e causas certas, pelas razões certas, tornando um comportamento ético e probo um hábito e característica da cultura empresarial. Fornecem fortes razões para agir de determinada maneira;

---

56 OECD, Ethics codes and codes of conduct as tools for promoting in ethical and professional public service. Comparative Successes and Lessons, 2005. Disponível em: https://www.oecd.org/mena/governance/35521418.pdf.

- funcionar como uma declaração profissional expressa em compromissos referentes a um conjunto específico de padrões morais;
- fornecer o orgulho de pertencer a um grupo ou a uma causa.

2.6 Código de conduta nas empresas brasileiras

Até 2019, tínhamos o interesse de medir a aderência das empresas na elaboração e divulgação dos seus códigos de conduta, como evidenciado no gráfico a seguir, de acordo com o estudo realizado pela KPMG 2018/2019.

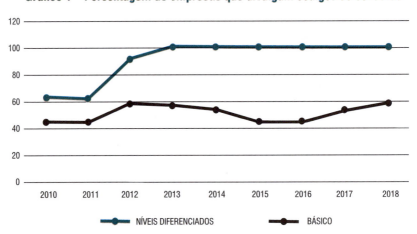

Gráfico 1 – Porcentagem de empresas que divulgam códigos de condutas

Fonte: Pesquisa Governança Corporativa e mercado de capitais -KPMG 2018 e 2019.

A partir de 2021, acompanhando os impactos da covid-19 e, principalmente, da Agenda ESG no mundo corporativo, o interesse pelos códigos de conduta se ampliaram no sentido de se verificar a eficácia e a aderência dos mesmos às principais questões de integridade e *compliance* e os requisitos ESG das empresas. Afirmamos que é impossível atender a Agenda ESG sem termos *compliance* e riscos bem trabalhados nas organizações e empresas.

Percebemos que empresas de níveis diferenciados de governança corporativa divulgaram seus códigos de conduta desde 2013, considerando esse instrumento como uma boa prática de governança mundialmente reconhecida. Por outro lado, as empresas do nível básico ou tradicional da Bovespa, por não terem obrigação legal, a existência e divulgação do mesmo fica a cargo da decisão da alta administração. À pesquisa "Maturidade das empresas brasileiras", da KPMG 2021, responderam 55 empresas de diferentes setores e portes; destas, 35% são multinacionais. A seguir, os dados sobre os códigos de conduta:

- em 95% das empresas respondentes, o código de ética e conduta faz referência aos aspectos regulatórios e de *compliance*;
- 87% dos respondentes afirmaram que a política e o programa de ética e integridade estão implementados de forma eficiente na empresa com o objetivo de identificar condutas inadequadas, assegurando a prevenção e a investigação;
- Apenas 2% das empresas participantes da pesquisa afirmaram não possuir o código de conduta devidamente elaborado, aprovado e divulgado;
- 71% dos executivos sêniores revisam e aprovam anualmente o programa de integridade e *compliance*;
- 15% dos respondentes informaram não possuir um comitê de ética;
- Treinamento sobre ética e código de conduta foi a principal capacitação oferecida pelas empresas em 2021.

Analisando o universo das empresas familiares brasileiras que participaram da pesquisa "Retratos de família", da KPMG/FDC,[57] de 2021, o código de conduta e ética é elaborado, distribuído e divulgado em 79% das empresas respondentes, no total de 197 empresas.

Podemos perceber que as pesquisas anuais que acompanhamos e comentamos evidenciam a importância, aderência e adesão das empresas

---

57 KPMG/FDC. *Retratos de Família*. 3. ed. Disponível em: https://home.kpmg.com/br/pt/home/insights/2018/11/retratos-de-familia-3a-edicao.html.

brasileiras aos códigos de conduta. Códigos esses que evoluem adaptando e incorporando novos atributos, que facilitarão o entendimento sobre as novas posturas e cuidados necessários para a sustentabilidade de nossas empresas.

O que sintetizamos através dos gráficos a seguir evidencia a evolução dos itens tratados.

Gráfico 2 – O código de ética e conduta da empresa faz referência aos aspectos regulatórios e de *compliance*?
Exemplos: Lei Anticorrupção, lavagem de dinheiro, conflitos de interesse etc.

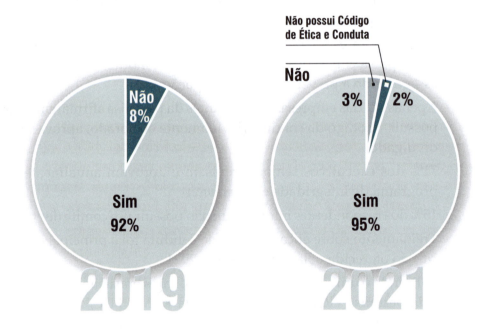

Fonte: KPMG. Maturidade de *compliance* das empresas brasileiras, 2021.

Gráfico 3 – Os executivos seniores revisam e aprovam, anualmente, o programa de ética e *compliance*?

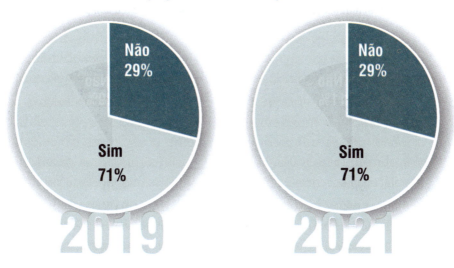

Informação não capturada em 2015 e 2016.
Fonte: KPMG. Maturidade de *compliance* das empresas brasileiras, 2021.

Gráfico 4 – A política e o programa de ética e *compliance* estão implementados de forma eficiente na empresa com o objetivo de identificar condutas inadequadas, assegurando a prevenção e a investigação?

Fonte: KPMG. Maturidade de *compliance* das empresas brasileiras, 2021.

Gráfico 5 – O C-level (Chiefs - CEO, CFO, COO etc.), o conselho de administração e/ou o comitê de auditoria estão informados apropriadamente sobre o conteúdo e a operacionalização da política e do programa de ética e *compliance*?

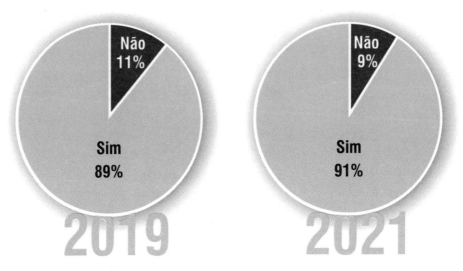

Fonte: KPMG. Maturidade de *compliance* das empresas brasileiras, 2021.

Resumo: A partir da formatação da sociedade em rede, desde o começo do século XXI, o sistema capitalista e o mundo corporativo têm sido impactados fortemente pelo fortalecimento da consciência coletiva mundial na direção de posturas mais críticas referentes a questões morais, na maior maturidade no exercício da cidadania e principalmente no empoderamento da opinião coletiva. Observamos que este fortalecimento da opinião pública tem provocado uma mudança nas instâncias de governança. De uma governança dos Estados focada no Estado e na independência correlacionada entre sociedade civil, mercado e governos, para um fortalecimento na interdependência de Governo e Sociedade civil descolados do Mercado.

Os processos de governança corporativa, embora bem mais formalizados e atuantes desde o início deste século, não foram suficientes para conter na prática a dinâmica observada do mundo corporativo, onde se privilegiou a lógica de gestão fundamentada no máximo retorno dos shareholders, dando espaço ao acirramento dos conflitos de agência internos, negligenciando os controles sobre os mesmos. Esta falta de bons controles e fiscalização facilitou e promoveu a capilarização da corrupção e de benefícios autoconcedidos em todas as instâncias de governança, comprometendo a sustentabilidade de importantes empresas no longo prazo. É lógico afirmarmos que não existe processo de governança corporativa sem um sistema robusto de fiscalização e controle.

Nesse sentido, grande ênfase tem sido dada aos princípios da boa governança (transparência, prestação responsável de contas, equidade e *compliance*), por segmentos representativos da sociedade. *Compliance* é estar em conformidade com as leis e normas internas das organizações, com vistas a garantir sua integridade. Não basta que a organização estipule em sua "missão e visão" a adoção de uma cultura ética na esperança de que todos os seus colaboradores, em todas as suas atividades, a observarão. Isso precisa ser traduzido por um código que deixa bem claro o que deve e o que não deve ser feito em cada um dos princípios, atualizado e reforçado continuadamente através de divulgação e treinamento internos e externos à empresa.

Importante ressaltar que a competitividade corporativa no século XXI passa necessariamente pelo entendimento do contexto legalidade versus legitimidade das ações, posturas e atitudes empresariais. Tem crescido a percepção da importância da legitimidade nas ações corporativas frente à sociedade, respondendo tanto aos impactos da covid-19 quanto aos requisitos da Agenda ESG, em que o S de Social ganhou proeminência em relação ao E de environmental/ ecossistemas e o G de governança corporativa.

O grande desafio empresarial é evitar tanto o *compliance* de papel quanto o *greenwashing*.

Avanços têm acontecido nos programas de elaboração de códigos de conduta brasileiros, pois os mesmos já estão incorporando as questões regulatórias e legais e atributos da Agenda ESG, traduzindo-os em posturas aceitáveis e não desejáveis.

A implantação proativa de mecanismos que facilitam aos colaboradores da organização executar suas tarefas de forma íntegra é a razão essencial da adoção dos programas de integridade e foco dos códigos de conduta.

Palavras-chave: Governança global. Governança dos Estados-Nação. Governança corporativa e institucional. Sociedade em rede. Código de boas práticas de governança. Partes interessadas. Conflitos de agência. Nova economia institucional. Princípios. Valores. Transparência. Prestação responsável de contas. Equidade. *Compliance*. *Compliance* de papel. *Greenwashing*. Corrupção. Conselho de administração. Diretoria executiva. Sistema de fiscalização e controle. Conselho fiscal. Comitê de auditoria. Auditoria independente. Auditoria interna. Lei das estatais. Lei 13.303/2016. Lei Anticorrupção. Lei 12.846/2013. Códigos de conduta. OCDE. Agenda ESG. Covid-19.

CAPÍTULO 3

GESTÃO, ÉTICA, GOVERNANÇA E CÓDIGO DE CONDUTA

Apresentação

Sem entrarmos na profundidade que um estudo sobre ética comporta, temos como objetivo neste capítulo expor nosso entendimento sobre o tema de forma didática e simples o suficiente para mostrar os aspectos éticos irrecusáveis que alicerçarão a construção de um código de conduta. Iniciamos correlacionando gestão, ética e governança, evidenciando as interfaces entre elas, porque a ética é o estágio mais avançado do desenvolvimento da consciência humana. Em seguida, mostramos a interface dos códigos de condutas atuais com os princípios éticos, definimos a tipologia de códigos de condutas existentes e os pontos comuns entre eles.

3.1 Gestão, ética e governança

Iniciamos com a seguinte equação:

$$GE + PE = GC$$

Reescrevendo, agora por extenso, entendemos que a gestão empresarial no estado da arte + princípios éticos = governança corporativa. Ou seja, a governança corporativa não veio para dispensar ou substituir a gestão empresarial. Ao contrário, quanto mais elevado for o nível de gerenciamento em uma empresa ou organização, mais fácil e mais bem sucedida será a transição para o "andar de cima", que é a governança corporativa.

Como consideração preliminar, podemos admitir que as mudanças ocorridas nos últimos dois séculos de história foram mais decisivas e marcantes do que tudo que aconteceu nos séculos e até mesmo milênios que os antecederam. No campo específico da atividade empresarial, basta lembrar os trabalhos pioneiros de Taylor, Fayol, J. P. Morgan, Rockfeller etc., o surgimento das melhores escolas de administração do mundo nos EUA e na Europa, não esquecendo o Brasil, com a Fundação Getúlio Vargas, Universidade de São Paulo, Fundação Dom Cabral e mais recentemente o IBGC, para entendermos como chegamos à gestão empresarial no quase estado da arte, isto é, preparada para incorporar princípios éticos e converter-se em governança corporativa.

Ressaltamos três fatos definitivos.

O primeiro, a universalidade e abrangência dos capitais que suportam a gestão de uma empresa moderna. Não mais trabalhamos com a ideia de que as empresas são função do capital financeiro. Foram incorporados outros capitais, como o intelectual, o manufaturado, o de relacionamento, o tecnológico, o ambiental, o político e, ainda mais importante, o capital humano. Substituímos a declaração do Nobel de Economia, Milton Friedman,[58] de que "a finalidade da empresa é gerar riqueza para os sócios", por "a finalidade da empresa é gerar riqueza para todos os capitais nela investidos, especialmente o humano".

O segundo, a governança corporativa institucionalizou o precioso conceito de "parceria" ao adotar a figura de *stakeholders* (tomadores de

---

58 FRIEDMAN, Milton. *Capitalism state, the liberty*. University of Chicago Press, 1962.

risco) para todos os investidores, diretos (sócios) ou indiretos (clientes, fornecedores, empregados, credores, governos). Ou seja, se todos eles são *tomadores de risco*, é bom para todos que a empresa seja um sucesso, porque será um desastre se acontecer o contrário. A expressão "partes interessadas" não tem esse alcance, por ser muito passiva e não refletir a realidade da assunção de riscos. Torcedores de times de futebol, espectadores no teatro, ouvintes de uma palestra etc. são bons exemplos de partes interessadas.

Em terceiro, princípios éticos foram selecionados para compor a base da maioria dos códigos de melhores práticas de governança corporativa existentes. Exemplificando com o do IBGC, quatro foram os princípios selecionados para compor o seu código: transparência, equidade, prestação de contas e responsabilidade corporativa. Outros códigos, dentro ou fora do Brasil, elegem seus princípios éticos, com um mesmo objetivo, a criação de uma cultura ética na organização. Nada de transcendental nessa ideia da cultura ética, porque na realidade o que se busca é criar e manter um ambiente de trabalho alicerçado na confiança, no respeito e na solidariedade.

Associando os princípios éticos presentes na maioria dos códigos de melhores práticas de governança corporativa a algumas virtudes, como confiança, respeito e solidariedade, percebemos que:

- transparência e prestação de contas ajudam a construir o clima de confiança – único caminho para a existência de relações duradouras;
- a equidade envolve o respeito pelos direitos alheios e esse respeito deve ser ampliado quando o seu sujeito são as minorias, no plano social, e os minoritários, no plano empresarial;
- responsabilidade social induz à solidariedade *lato sensu*, porque envolve todas as formas de relacionamento, como homem/natureza ou entre grupos humanos. O papel mais ativo da solidariedade é substituir o "homem econômico" (praticante da Lei de Gérson) pelo bem comum.

Chegamos, assim, ao resultado de valor de nossa equação de abertura, que é a governança corporativa, com dois de seus objetivos bem claros:

1. a sustentabilidade da empresa;
2. sua incorporação ao concerto mundial dos que procuram o bem comum.

Entendemos que estamos, pela primeira vez na história da civilização, vivendo em um mundo conectado, na tal da "aldeia global" com que sonhava McLuhan. Por isso, estamos todos aparelhados para conhecer tudo o que se passa no resto do mundo, embora as conclusões, por enquanto, são ainda sombrias:

- há cerca de vinte anos, 6 bilhões de pessoas eram dominadas por 700 milhões (EUA + Europa). Hoje, com o crescimento acelerado de países do Oriente, com destaque para China e Índia (mais de 6% ao ano), temos um contingente de 2,5 bilhões (1/3 da população global) com capacidade de alterar as condições de equilíbrio anteriores.

- os problemas que a própria civilização criou, especialmente com relação ao meio ambiente e distribuição de renda, só podem ser equacionados pelo esforço conjunto de todos os países envolvidos, através da governança global que destacamos no segundo capítulo desta obra. Nenhum país poderá assumir, sozinho, a gigantesca tarefa de despoluir os mares ou controlar as atuais ondas de refugiados.

A governança corporativa tem missões de extrema relevância, entre as quais:

- dotar as empresas de estruturas de poder e administração (conselho de administração), execução (diretoria) e acompanhamento (conselho fiscal e auditorias e *compliance*) de primeira categoria, em termos de eficiência e alcance;

- exercer sobre essas estruturas uma forte orientação para que as decisões econômicas não colidam com o bem comum.

Nesse ponto, é assustador comprovar que certos truques de técnicas modernas, como *marketing*, conseguem impor à sociedade coisas tão estapafúrdias quanto:

- a marca é mais importante do que o produto;
- ganhar o mais possível para poder gastar o mais possível (nossos avós jamais entenderiam isso);
- fazer tudo para "aparecer", porque estamos vivenciando a "civilização do espetáculo", tão bem analisada por Mario Vargas Llosa,[59] onde vale mais o que aparece mais, tanto assim que um apresentador de TV ganha o que ganham centenas de professores;
- usar a velocidade, não a utilidade, na promoção do bem sonhado por todos – o automóvel, não importa o fato de os acidentes de carro figurarem entre as maiores *causa mortis* no mundo, cabendo ao nosso Brasil um segundo e desonroso lugar nesse *ranking*. Faz algum sentido um carrinho motor 1000 ter 240 km no velocímetro, ou um veículo que pesa 1 tonelada ou muito mais transportar, ordinariamente, menos do que 10% de seu próprio peso?
- na área da comunicação, dar preferência ao mal como notícia, contribuindo, assim, para a crença muito generalizada de que o mundo é habitado apenas por malfeitores;
- exibir alto padrão de vida por meio do desperdício, que, além de irracional, é uma ofensa aos menos favorecidos (poucos vão se lembrar dos 1200 pares de sapato da Imelda Marcos ou dos 1600 carros – para não falar das esposas do sultão de Brunei). Basta lembrar que 1/3 dos alimentos produzidos no mundo são literalmente "jogados fora" nos restaurantes, supermercados e residências;
- criar produtos prejudiciais à saúde, mas que conseguem viciar adolescentes e jovens, como está acontecendo agora com os "cigarros com sabor", que viciam impiedosamente os usuários e lhes comprometem a saúde tanto quanto os cigarros comuns.

---

[59] LHOSA, Mário Vargas. *A civilização do espetáculo*: uma radiografia do nosso tempo e nossa cultura. Rio de Janeiro: Objetiva, 2013.

Em lugar do quadro descrito, deveríamos redirecionar esforços no terreno da governança corporativa para:

- desenvolver a ciência sempre na direção do bem-estar coletivo;
- aposentar a ideia de que classe alta é sinônimo de muito dinheiro;
- só reconhecer como "classe alta" o contingente de pessoas de bem, em qualquer segmento ou atividade, que trabalham para a construção de um mundo melhor;
- evitar que a "transferência de valor" ocupe o lugar da "criação de valor", ou seja, que todos os nossos esforços terminem por beneficiar um único capital – o financeiro;
- valorizar, em nossas organizações, a começar pelas empresas, o conceito de que rentabilidade, crescimento, progresso, podem conviver muito bem com simplicidade – degrau mais alto da escada da sabedoria – no estilo de vida e na redução substancial das injustiças sociais.

O que se tem produzido no campo regulatório, nos últimos anos, está na casa dos milhões de leis e normas que serão totalmente inúteis se não houver *respeito* por elas. Isso se aplica também à governança corporativa, que pode ser confundida com *compliance*, do qual a gestão pode cuidar muito bem. É um caminho sem volta: será um enorme erro imaginar que leis, códigos, políticas, regulamentos etc. possam gerar uma sociedade mais justa e humana. A grande missão da governança corporativa será inspirar os tomadores de decisão para que as empresas usem seu poder de influência nas mudanças em curso sempre na direção do bem comum. Lembrando Victor Hugo,[60] "Nada é tão irresistível quanto uma ideia cujo tempo chegou". E essa ideia, seja na governança corporativa ou em qualquer outra área de conhecimento ou atividade, se chama ÉTICA.

---

60 HUGO, Victor. *Os miseráveis*. Lisboa: Minerva, 1962. (Volume I: Fantine/Livro sétimo: O processo de Champmathieu/XI. Champmathieu cada vez mais admirado).

3.2 Desafios éticos em tempos de transformação digital, covid-19 e Agenda ESG

3.2.1 Ética na transformação digital

Trouxemos no Capítulo 1, a Declaração Digital de Davos 2019 como uma espécie de marco que evidencia a importância da ética no meio digital como garantidora dos princípios básicos para um futuro digital sustentável. Preocupação mundial que a partir daquele ano estimulou governos e empresas a focarem no assunto traduzindo a questão em códigos de conduta ética para o meio digital.

Em 2021, a OECD lançou "The Good Practice Principles for Data Ethics in the Public Sector". Princípios éticos para a tratativa de dados digitais no setor público baseados em valores que colocam os direitos humanos no cerne do governo digital e das políticas de dados dos países membros. Esses princípios apoiam o uso ético de dados em projetos, produtos e serviços do governo digital para garantir que eles sejam dignos da confiança dos cidadãos.

O uso ético dos dados digitais no setor público exige a incorporação de abordagens de gerenciamento de riscos *ex ante* e *ex post*, a fim de tratar de perigos e *trade offs*. Na prática, a ética dos dados digitais deve se traduzir em ações específicas durante todo o ciclo de valor dos dados.

A natureza e diversidade das tipologias de dados digitais, taxonomias e formatos (por exemplo, dados de pesquisa, dados administrativos, dados estatísticos nacionais, dados de saúde, dados não pessoais *vs.* dados pessoais, dados agregados *vs.* dados granulares, dados estruturados *vs.* dados não estruturados) aumentam a complexidade das políticas e da governança desses dados e de acordos necessários para aumentar confiabilidade da gestão nas diferentes etapas do ciclo de utilidade destes. Essas etapas incluem, mas não estão restritas a, dados de geração, seleção, coleta, curadoria, armazenamento, descarte, acesso, compartilhamento e uso.

Por exemplo, os governos precisam estar preparados para tomar medidas para tratar de questões e preocupações associadas aos dados de corrupção; enviesamentos que afetam a geração de dados ou sua extração (por exemplo, seleção de fontes de dados); e a qualidade de entradas de dados usadas para treinar modelos de inteligência artificial (IA).

Outros perigos incluem o uso indevido e abuso de dados por indivíduos e organizações e a entrega de resultados negativos através do uso de dados, inclusive no contexto dos sistemas de inteligência artificial.

O documento introduz 10 princípios éticos para a tratativa de dados digitais nos governos, incluindo um conjunto de ações específicas que podem apoiar sua implementação: Esses princípios sintetizados são:

1	gerenciar os dados com integridade;
2	estar ciente e observar os acordos governamentais relevantes para o acesso, compartilhamento e utilização de dados confiáveis;
3	incorporar considerações éticas nos processos de tomada de decisão governamentais, organizacionais e do setor público na tratativa de dados digitais;
4	monitorar e manter controle sobre as entradas de dados, em particular os utilizados para informar o desenvolvimento e treinamento de sistemas de inteligência artificial, e adotar uma abordagem baseada em riscos para a automação das decisões;
5	ser específico sobre a finalidade do uso dos dados, especialmente no caso de dados pessoais;
6	definir limites para acesso, compartilhamento e uso de dados digitais;
7	ser claro, inclusivo e aberto;
8	publicar dados abertos e código fonte;
9	ampliar o controle de indivíduos e coletivos sobre seus dados;
10	ser responsável e proativo no gerenciamento de riscos.

Complementando esse documento da OCDE, o WEF World Economic Forum, em dezembro de 2020, lançou um *Informe Insight* intitulado "Global Technology Governance Report 2021: Harnessing Fourth Industrial Revolution Technologies in a Covid-19 World", em tradução: "Informe sobre governança tecnológica mundial 2021: como aproveitar a quarta revolução industrial em um mundo pandêmico da covid-19".

Esse relatório provoca uma série de *insights* quando examina as principais aplicações das tecnologias básicas da chamada quarta revolução industrial para um mundo pós-pandêmico. Sob o ponto de vista que mais nos interessa, o ÉTICO, esse documento inclui questionamentos éticos sobre privacidade, responsabilidade corporativa, discrepâncias regulamentares transfronteiriças e o potencial de má utilização por maus atores, tais como os recentes ataques e resgates permitido por moedas criptográficas, como o bitcoin, ou o risco de abusos postos por tecnologias como vídeos e muitas outras.

Muitos países estão desenvolvendo o que chamam de governança tecnológica ética, baseada na percepção de que é necessário equilibrar a supervisão humana da tecnologia automatizada com as vantagens de operações sem contato ou aplacar os receios dos consumidores quanto a sua privacidade num mundo pós-covid-19.

Nesse sentido e de forma prática, o governo inglês, em 2019, divulgou um relatório provisório sobre as questões éticas relacionadas à utilização em tempo real do reconhecimento facial para o policiamento, conhecido como os "Nove princípios éticos para a informação e utilização de reconhecimento facial ao vivo". E de forma mais contundente a Nova Zelândia publicou em 2020 a "Carta governamental do algoritmo" fornecendo um conjunto de princípios éticos que orientam a utilização de algoritmos por agências governamentais.

3.2.2 Ética no hiato pandêmico 2020 e 2021: o foco no social, especificamente na questão da saúde

> *"Em tempo de pandemia, espera-se que princípios de ética e moralidade imperem e nos façam sentir orgulho do ser humano."*

De acordo com a Sociedade Brasileira de Medicina Tropical, em artigo publicado em abril de 2021 intitulado "Desafios éticos em tempos de covid-19", "as pandemias são sempre desafios para as sociedades, mas a dimensão da pandemia da covid-19 destapou subitamente situações que estavam camufladas ou não estavam à vista". Os desafios éticos da saúde, da economia, da política e dos direitos humanos agora pesam mais do que nunca. Decidir sobre o desconhecido, decidir sem informação suficiente, decidir por convicção, decidir com base na evidência, decidir sobre o futuro próximo nunca foi tão difícil. Em todas as situações em que os médicos se confrontam com a impotência de curar a doença têm a tentação de procurar alternativas, algumas com provas dadas de que não funcionaram em situações parecidas. A miopia da sociedade faz a visão sobre a ética e a moral ficarem distorcidas e as discussões em torno do conceito de ética nunca se fizeram tão necessárias.

Durante a pandemia, foram expostos alguns dilemas éticos na tratativa das produções acadêmicas e científicas que exigiram um juízo crítico na avaliação pelo corpo clínico, denunciando a pouca competência e baixa formação técnica para uma correta tomada de decisão. Outros dilemas de caráter mais profissional emergiram envolvendo a prática diária da medicina como falta de definição da autonomia médica, de critérios de priorização transparentes e justos para lidar com recursos escassos, e outros.

Por outro lado, foi revigorado o debate sobre as questões éticas na temática envolvendo estudos e pesquisas em seres humanos. Nesse hiato pandêmico, estamos repaginando o Código de Nuremberg de 1949, quando a postura nazista com experiência em judeus começou a ser contestada, o que pontuamos no nosso primeiro capítulo. A OMS publicou em maio de 2020 diretrizes para a condução desse tipo de estudo. O documento

"Key criteria for the ethical acceptability of covid-19 human challenge studies" que fornece orientações para cientistas, comitês de ética em pesquisa, financiadores, formuladores de políticas e reguladores, nas deliberações sobre os estudos com desafio em humanos no combate à covid-19. O documento lista critérios éticos que devem ser considerados para a aprovação desses estudos.

De acordo com o artigo "Uma perspectiva sobre aspectos éticos e regulatórios sobre a pesquisa em seres humanos na pandemia de covid-19", os critérios-chave elencados pela OMS destacam como orientações básicas o seguinte:

1. **na etapa de avaliações científicas e éticas, a orientação é que esses estudos tenham uma forte justificativa científica e deve se esperar que os benefícios potenciais superem os riscos;**
2. **para a etapa de consulta e coordenação, os programas de pesquisa em humanos devem ser informados por consulta e engajamento do público, bem como de especialistas e formuladores de políticas. Devem também envolver uma forte interação entre pesquisadores, financiadores, formuladores de políticas e reguladores.**
3. **sobre os critérios de seleção, os estudos com desafio em humanos devem ser realizados onde a pesquisa possa ser conduzida com os mais altos padrões científicos e éticos. Tais pesquisas devem garantir que os critérios de seleção dos participantes limitem e minimizem os riscos;**
4. **para a etapa de revisão e consentimento, a orientação é que os estudos sejam revisados por um comitê especializado independente e envolvam um rigoroso consentimento informado dos participantes, que chamamos de consentimento livre e esclarecido no Brasil.**

Nesse hiato pandêmico, estamos repaginando o Código de Nuremberg de 1949, quando a postura nazista com experiência em judeus em campos de concentração começou a ser contestada, o que pontuamos no nosso primeiro capítulo. No século XXI, os questionamentos sobre as vacinas, desenvolvimento, obrigatoriedade e tendências traduzem, modernizam e intensificam essa discussão na área da Saúde em âmbito planetário.

3.2.3 Ética e Agenda ESG: risco Greenwashing

A busca pela materialidade da Agenda ESG se intensificou nesses dois últimos anos. Os reguladores europeus estão liderando os requisitos de divulgação ambiental, social e de governança (ESG), embora, dada a direção que o mundo está tomando – em termos de desenvolvimento da estrutura dos ESG –, outros reguladores não ficarão muito atrás. A Autoridade Bancária Europeia (EBA), a Autoridade Europeia de Valores Mobiliários e Mercado (ESMA) e a Autoridade Europeia de Seguros e Previdência Profissional (EIOPA) coordenaram seus requisitos para permitir que as organizações cumpram os mandatos padronizados de divulgação de ESG. Esses requisitos de divulgação da ESG estão entrando em vigor em janeiro de 2022, com um período de transição de dois anos, que se encerra em 2024.

A Agenda ESG está sendo entendida como o *book* que contém os requisitos básicos não só para a criação de valor de uma empresa, mas também como proteger esse valor criado. Ampliando a responsabilidade corporativa, além de criar valor, as empresas estão sendo convocadas a proteger este valor criado como garantia da sustentabilidade.

De uma hora para outra, a covid-19 evidenciou como os Ecossistemas, o "E" do ESG: Environmental, Social e Governance, são relacionados, interligados e interdependentes, afetando tudo e todos do planeta, subvertendo a importância da inclusão dos stakeholders e do meio ambiente nas estratégias empresariais, ao mesmo tempo que os 17 Objetivos do Desenvolvimento Sustentável, de forma global, resumidos na figura a seguir, tornaram-se o pano de fundo básico para as estratégias corporativas.

Figura 20 – Dezessete objetivos do desenvolvimento sustentável

Mas ao levar em consideração fatores como as metas de desenvolvimento das Nações Unidas, outras estruturas globais e riscos associados, nos provoca o olhar para além de 2022, tanto no horizonte de cinco anos como muito além. Como o mundo transita para prioridades cada vez mais verdes, nenhuma organização estará isolada em ter que enfrentar questões que estão moldando o presente e cujas consequências afetarão as gerações futuras.

Criar e proteger valor diz respeito a priorização da confiabilidade e maior necessidade da criação de novos propósitos corporativos. Novos propósitos, novas missões e visões estão sendo desenhadas, e a questão que impera é sobre quais princípios éticos esse redesenho está e estará sendo pautado.

Em curto prazo, e já comentado anteriormente, haverá um custo e um impacto de capital para incorporar riscos emergentes e acomodar os mandatos do ESG. As organizações precisarão de uma abordagem eficaz e voltada para a tecnologia – uma estrutura ESG – para gerenciar os riscos previstos e imprevistos. E o risco mais evidente no curto prazo é o risco do *Greenwashing*: o falso marketing e a correspondente responsabilidade civil em relação aos *stakeholders* de qualquer empresa.

Greenwashing, em tradução livre do inglês para o português, significa lavagem verde ou maquiagem verde, ocorrendo quando as organizações se valem de políticas socioambientais para se promoverem através de seus produtos ou serviços, sendo que na realidade estão buscando apenas o lucro a qualquer custo. O que dizem não corresponde à realidade.

O *greenwashing*, segundo Paviani (2019), é muito mais que informações enganosas em desfavor da população, ecopropagandas falsas, promessas publicitárias de ecoeficiência, estratégias de marketing verde, que visam disseminar desinformação ou manipulação de alguma informação para favorecer a empresa, trata-se de pôr em xeque os compromissos assumidos por essas empresas e organizações em ações direcionadas à proteção socioambiental. Na realidade, *greenwashing* é uma afronta ao desenvolvimento sustentável, aquele desenvolvimento entendido como pautado para atender as necessidades do presente, sem comprometer as possibilidades e necessidades das gerações futuras.

A covid-19, aliada à Agenda ESG, escancara a crise da própria civilização contemporânea. O modo como nos organizamos até aqui não vale mais e nem correspondem às novas demandas transnacionais.

Posturas empresariais e declarações que camuflem o custo ambiental, que não podem ser comprovadas, que são irrelevantes, que distraiam o consumidor do maior impacto socioambiental, que são falsas, serão duramente cobradas por uma sociedade em rede articulada.

Os princípios éticos que nortearam a Agenda ESG daqui para frente exigirá minimamente materialidade, diversidade, inclusão, equidade, transparência, prestação de contas à sociedade e *compliance*.

Dois anos é um espaço curto para afirmarmos qualquer coisa como sendo a mais certa. A realidade é que estamos vivenciando um cenário complexo, confuso e inusitado, e as estratégias corporativas precisaram ser definidas. Estratégia são escolhas baseada em princípios e isso definirá o sucesso e o fracasso das empresas também sob o olhar do mercado, mas preponderantemente sob o olhar e a vigilância de uma sociedade civil planetária em rede, empoderada pelas mídias sociais exigindo a legalidade e a legitimidade dessas escolhas.

3.3 Ética e código de conduta

Didaticamente, podemos entender a Ética como o estágio mais avançado do desenvolvimento da consciência humana. Nosso ponto de partida seria o nível dos instintos, no qual a natureza estabelece suas leis com o objetivo de proteger e perpetuar a vida.

Em rigor, podemos identificar no comportamento de algumas pessoas um nível abaixo do chamado "dos instintos", porque ali ocorrem atos como suicídio, tortura, violência sem causa, o envenenamento do ar que se respira ou da água que se bebe, ou mesmo a destruição do meio-ambiente em que se vive.

Do nível dos instintos evoluímos para o nível da Moral, entendida como o conjunto de leis e regulamentos, ou mesmo usos e costumes consagrados por uma coletividade com o propósito de tornar viável a vida em sociedade, sem os conflitos gerados pela "lei do mais forte", que prevalece naturalmente no nível dos instintos. Considerar, porém, que a eficácia das leis e regulamentos depende de dois fatores:

- severidade das punições estabelecidas; e
- capacidade de a sociedade tornar efetivas essas punições.

Talvez o crescimento exponencial dos acidentes de trânsito e o processo de corrupção mundial ilustrem bem esse ponto: as punições são difíceis de aplicar porque dependem de aparelhos e pessoas nem sempre disponíveis e, quando aplicadas, não conseguem, com os valores envolvidos, mudar o comportamento dos transgressores. Incontáveis casos de violação de leis ficam impunes pelo suborno da autoridade ou pela atuação muito esperta de advogados.

No terceiro nível de progresso de nossa consciência está a Ética, que Humberto Eco[61] assim definiu: "Quando surge a outra pessoa, nasce a Ética". Ou seja, a Ética não existe como atividade individual, porque consiste exatamente na forma de relacionamento de um indivíduo com os demais.

---

61 ECO, Umberto. *Pendolo di Foucault*. Milão: Bompiani Editore, 1988.

Ética seria, então, a capacidade de uma pessoa ver a outra como um "outro eu", ou seja, como alguém dotado das mesmas características de inteligência e emoção, das mesmas necessidades de reconhecimento e afeto, apesar de enormes diferenças de condição social, raça, idade ou outras quaisquer.

Há outro aspecto diferenciador da Ética com relação ao estágio anterior (o das leis): a Ética não se impõe, porque é a capacidade das pessoas livres e responsáveis de optar pelo bem. Ela será sempre uma opção, ao passo que a lei será sempre uma obrigação.

Por outro lado, Ética não é apenas erudição, porque esta pode ser usada tanto para o bem como para o mal, e nem sempre os conhecimentos que formam a erudição contribuem para a nossa felicidade, que é o objetivo supremo da Ética. Em vez de erudição, é a sabedoria que melhor responde ao ideal ético, e podemos entendê-la como o conjunto de conhecimentos que adquirimos por meio da experiência própria e de outras pessoas e que nos ajudam a viver melhor. Esses conhecimentos só podem ser usados para o bem. Se o contrário de erudição é ignorância, o de sabedoria é fantasia, ou seja, a incapacidade de vivermos a nossa realidade.

Na Ética não existe hierarquia, mas uma distribuição diferenciada de responsabilidades. Assim, cabe aos líderes (pais, professores, chefes, governantes) usar de sua legítima autoridade para promover o sucesso (leia-se, a felicidade) das pessoas que lhes são subordinadas. Um conceito de poder muito diferente daquele encarnado pelo patriarca, que definia, a seu talante, o destino de filhos e filhas em decisões magnas, como casamento ou escolha de profissão. Ou do governante autocrático que impunha sua vontade sem levar em conta direitos de cidadania. Seria um erro imaginar que essas figuras já desapareceram: apenas se tornaram espécies em extinção.

Sem dúvida, as empresas são, na sociedade moderna, instituições com enorme poder de influência, porque geram riquezas, criam empregos, administram com eficiência os recursos, estimulam o aprendizado e concorrem para torná-lo acessível, impulsionam o progresso científico pela transformação de suas descobertas em produtos úteis, e assim por diante.

Note o leitor que não falamos em "importância" (que família, igrejas e governos conservam), mas em "poder de influência", isto é, de interferir significativamente na cultura e nos destinos da sociedade. A sociedade do bem-estar não pode dispensar a colaboração construtiva das empresas, e nos referimos a todas elas, pequenas, médias ou grandes, desde que socialmente responsáveis. Empresas há cujo desaparecimento não causaria nenhum dano à sociedade, porque desenvolvem atividades claramente antissociais, mas isso é outro capítulo da história.

O código de conduta é um instrumento poderoso para criar, nas empresas, uma cultura de responsabilidade social. Diferentemente dos códigos disciplinares, que são "outorgados", ele é baseado em princípios éticos e, em vez de condensar um conjunto de imposições e punições, procura objetivos nobres, como a defesa da integridade nos negócios, o resguardo da reputação, a elevação do nível de confiança nas relações internas e externas, a convergência de propósitos na vida pessoal e na profissional, a defesa do meio ambiente, o aumento da motivação de todos os colaboradores, valendo por um exercício de solidariedade, que é a mercadoria mais em falta em nossa sociedade ocidental, flagelada por um individualismo crescente.

Entendemos que o código de conduta deve:
- ser equitativo, aplicando-se tanto a líderes quanto a liderados;
- definir os princípios éticos e as normas de comportamento deles derivadas de maneira clara, sem ambiguidades;
- enfatizar apropriadamente o papel dos gestores;
- valorizar a cidadania; e,
- como uma síntese desses atributos, ser uma grande contribuição para o ideal da solidariedade em todas as relações internas ou externas da empresa e de outras instituições.

3.4 Desvendando a essência do código de conduta

3.4.1 Os valores e princípios de governança corporativa pautam os códigos de condutas

O código de conduta é um conjunto de normas de conduta derivadas dos princípios éticos da empresa e, portanto, da sua gestão. Como já dissemos anteriormente, são quatro os valores da boa governança: equidade, prestação responsável de contas, transparência e *compliance*. Esses valores pautam o código de conduta, que deve ser um guia para a atuação e conter recomendações para as empresas. O conteúdo do código deve ser derivado dos princípios éticos da boa governança e contemplar os valores da organização; deve ser uma ponte entre a ética e a empresa. O objetivo é que esse documento seja um guia tanto para os colaboradores da empresa quanto para aqueles que se relacionam com a empresa, como fornecedores, por exemplo.

3.4.2 A ética empresarial é fomentada a partir dos códigos de conduta

Esse fator depende da forma como o código de conduta for implantado. O código deve conter os princípios éticos da empresa e não ser um conjunto de regras disciplinares ou de indicativos de como as pessoas devem se comportar. Deve ser mais abrangente e tratar da cultura da empresa. Por exemplo, as questões disciplinares devem ser parte de outro documento, que fica a cargo da área de gestão de pessoas, assim como as questões de integridade e corrupção, que devem ficar como responsabilidade da equipe de *compliance*. Deve ter como objetivo promover uma cultura ética na empresa, baseada nos princípios de confiança, respeito e solidariedade.

3.4.3 Internalização dos conceitos do código de conduta se traduzem nas relações externas da empresa

O código de conduta deve ser usado como orientador em todas as relações da empresa, sejam elas internas ou externas. Com um código de conduta bem difundido e que reflete a realidade e os princípios das empresas, as relações externas vão se incluir nos princípios do código, influenciando as relações da empresa tanto com seu público interno quanto com suas relações externas, como acionistas e fornecedores. O código de conduta, nesse sentido, deve ser conhecido de quem com ela se relaciona. Se uma empresa tem uma cultura ética bem definida, ela não vai negociar com outras envolvidas em alguma situação que não condiz com o seu código de conduta, por conseguinte, com sua cultura organizacional.

3.4.4 A implementação do código de conduta

O ideal é que a implementação seja totalmente promovida pelo conselho de administração e, na falta desse órgão, pelo presidente da empresa. O lançamento do primeiro código de conduta de uma empresa deve marcar o início de um ritual que deverá ser reforçado anualmente. O melhor sistema para a elaboração e manutenção do código é criar um grupo de trabalho (GT) formado por pessoas de várias áreas, focando na diversidade de opiniões e percepções da realidade da empresa. O próximo passo é realizar uma pesquisa de clima organizacional ou contar com o apoio da equipe de gestão de pessoas, caso a pesquisa já não seja realizada. O objetivo da pesquisa é verificar quais são os problemas nos relacionamentos internos e externos e identificar os conflitos de interesse. A partir da avaliação, o GT escolhe os princípios éticos que mais saltaram aos olhos na pesquisa, que compõem a cultura organizacional e elaboram o documento. Depois de pronto, é preciso constituir o ente curador da ética da empresa, na maioria dos casos, chamado de Comitê de Ética. Para a composição desse grupo, recomendam-se pessoas com um tempo mínimo de casa, dois ou três anos. Esse grupo tem o papel de divulgar e zelar pelo código de conduta e desenvolver ações de comunicação advogando pela sua implementação, tirando dúvidas dos colaboradores e recebendo as denúncias de possíveis violações. Esse grupo não deve ser responsável pela punição em caso de violações, essa deve ser uma função dos administradores.

Em empresas pequenas, médias e/ou familiares é comum os sócios definirem tanto os princípios e valores da empresa quanto os limites do que se pode ou não fazer para cada um deles. A realização da pesquisa de clima é importante para envolvimento e complementação daqueles valores adicionais que precisam ser reavivados ao público interno.

3.4.5 Fatores indispensáveis em um código de conduta

Os pontos essenciais de um código são:
- objetivo do documento;
- abrangência;
- princípios básicos/éticos, ou seja, conceitos dos princípios (o que se entende por eles) e normas do que é permitido ou não fazer.
- deve prever os mecanismos de gestão do código, geralmente feito pelo comitê de ética da empresa.

3.4.6 Importância de tornar o código de conduta uma ferramenta viva

A incorporação do código de conduta pela organização é um processo essencial para a cultura ética. Com a incorporação, essas questões vão nortear as relações internas e externas da empresa com fornecedores e autoridades, por exemplo, portanto, as relações passam a ser pautadas por essa conduta. A ética está muito em voga, porque passamos por períodos em que as decisões da sociedade eram tomadas apenas em função de interesses puramente econômicos. Como consequência de um mundo mais conectado, atualmente, as decisões levam em consideração o bem comum, a prioridade de investimento não deve ser apenas o interesse econômico. O setor empresarial é muito importante para a sociedade e pode influenciar e apoiar essa mudança, com princípios baseados na ética, ajudando a construir uma sociedade mais justa.

3.5 Modelos de código de conduta

Há vários modelos de código, a saber:
- códigos de princípios;
- códigos de relacionamentos;
- códigos híbridos;
- códigos integrados(tridimensionais).

3.5.1 Código de princípios

Este tem a estrutura mais simples, a saber:
1. apresentação;
2. objetivos;
3. processo de elaboração;
4. princípios éticos adotados e respectivos conceitos;
5. normas de conduta (desdobramento de cada princípio em "devemos" e "não devemos");
6. gestão do código;
7. termo de compromisso.

Exemplo prático: FPTI – Fundação Parque Tecnológico Itaipu (www.pti.org.br).

3.5.2 Código de relacionamentos

Nesse modelo, o código se orienta para cada um dos principais grupos de interessados e estabelece as normas que devem pautar o relacionamento com eles. Essas normas são específicas e têm endereço certo: clientes, acionistas, colaboradores, fornecedores, imprensa, autoridades, concorrentes, sindicatos, órgãos de classe, concorrência etc.:
1. apresentação;
2. objetivos;

3. processo de elaboração;
4. normas de conduta ética classificadas por grupos de interessados;
5. gestão do código;
6. termo de compromisso.

Esse é o modelo adequado para organizações com um grande leque de relacionamentos. É importante realçar que apenas os relacionamentos relevantes sejam levados em consideração, sob pena de se produzir um documento muito complexo. É preciso levar em conta que esse modelo tem o inconveniente de repetir muitas das normas de conduta, por serem aplicáveis a vários grupos.

Exemplo prático: Estapar Estacionamentos (www.estapar.com.br).

3.5.3 Código híbrido (princípios + relacionamentos)

Aqui se somam os dois modelos acima descritos, ou seja, parte-se inicialmente de um "código de princípios", mas se inclui um princípio chamado "relacionamentos construtivos" e dentro deste se desenvolve um "minicódigo de relacionamentos", que alcançará apenas os grupos de maior importância para a empresa, entre os listados no modelo anterior. A estrutura básica para o modelo híbrido seria a seguinte:

1. apresentação;
2. objetivos;
3. processo de elaboração;
4. princípios éticos adotados e respectivos conceitos;
5. normas de conduta (desdobramento de cada princípio em "devemos" e "não devemos");
6. relacionamentos construtivos (normas orientadas para grupos);
7. gestão do código;
8. termo de compromisso.

Exemplo prático: CESP – Cia. Energética de São Paulo (www.cesp.com.br).

3.5.4 Código integrado (tridimensional)

Este modelo se aplica preferencialmente a *empresas* e tem o mérito de ser um verdadeiro "cartão de visita", pois as apresenta sob seus três ângulos de visão global:

1. a empresa como entidade econômica;
2. a empresa e seu papel na sociedade;
3. a empresa e sua cultura ética.

O retrato da empresa como "entidade econômica" está contido no seu PERFIL CORPORATIVO, ou seja, no conjunto de informações que nos permite ter uma visão de desempenho e perspectivas, inclusive em termos de sustentabilidade: data de fundação, controle acionário, participação em grupo de empresas, posição no mercado, principais marcas e produtos, principais indicadores operacionais e econômico-financeiros, num retrospecto (mínimo de dois anos) que permita ao leitor ou investidor uma visão de tendências.

O relacionamento empresa/sociedade corresponde à sua IDENTIDADE CORPORATIVA e vai estar contido na sua declaração de MISSÃO, VISÃO E VALORES. Sobre essa declaração, escreve-se um bocado de "poesia", ou seja, propósitos muito subjetivos e não raro fantasiosos, em exercícios nem sempre bem sucedidos de *marketing*. Em vez disso, o que recomendamos são propostas muito objetivas e viáveis, que transmitam uma visão responsável do papel que a empresa está desempenhando nas comunidades em que atua. Ou seja:

- MISSÃO: de que forma a empresa está contribuindo para melhorar a qualidade de vida da sociedade;
- VISÃO: síntese do planejamento estratégico, formado pelas principais metas a serem alcançadas;
- VALORES: aqui propomos que a palavra "valores" – um termo polivalente, isto é, com múltiplos sentidos – seja empregada como "fatores de êxito", o que completa a declaração: apresenta-se a Missão, a Visão e os fatores que tornam viável o cumprimento de ambas.

Um exemplo: um laboratório farmacêutico que produz um único remédio contra determinada doença, pode declarar:

Missão: *contribuir para a melhoria das condições de saúde da população;*

Visão: *produzir o melhor e mais acessível remédio contra......*

Valores: *tempo de atuação no mercado, número de patentes, nível de qualificação técnica do pessoal, prestígio da marca, amplo reconhecimento pela classe médica etc.*

Note-se a ausência de qualquer subjetividade ou *"wishful thinking"* nessa declaração. A **Missão** é clara e realista, a **Visão** é ambiciosa, mas factível (nada de ser "a mais admirada do mundo"), e os **Valores**, isto é, **os fatores de êxito**, são realistas e convincentes e não se confundem com os princípios éticos, que aparecem, com maior propriedade, na dimensão "Cultura Corporativa", a seguir comentada. Note que estamos apenas utilizando um dos muitos sentidos de "valores", que é uma das palavras de nossa língua que maior número de sinônimos possui. No esporte, quando se comenta a formação de uma seleção que vai disputar um campeonato, a primeira coisa que nos ocorre é verificar quem são os maiores "valores", ou seja, os principais fatores de êxito!

O terceiro ângulo será a CULTURA CORPORATIVA. Tem tudo a ver com Ética porque envolve, basicamente, o nível de confiança, respeito e solidariedade que permeia as relações internas e externas e se traduz nas melhores práticas de governança corporativa, orientadas pelos princípios da transparência, equidade, prestação de contas, *compliance* e responsabilidade socioambiental. Seu instrumento preferencial é o código de conduta, que é tema central deste livro. Por essa razão, é necessário falar um pouco sobre o que pode ser considerado um bom código de conduta. É oportuno, a essa altura, esclarecer por que não falamos em "códigos de ética". Assim como, no Direito, não existe um "Código de Justiça", mas Código Civil, Código Penal, Código de Defesa do Consumidor e outros – todos eles **inspirados** pela Justiça. O documento de que estamos tratando será um "Código de Conduta" inspirado por alguns princípios éticos, não um "Código de Ética".

O modelo integrado (três dimensões) pode também ser utilizado para organizações não empresariais, mas nesses casos não se falará em "Perfil Corporativo" – originalmente relativo a empresas –, mas algo do tipo "Quem somos?" ou equivalente.

Exemplo prático: Banco Bradesco S.A. (www.bradesco.com.br/ri).

3.6 Pontos em comum dos códigos de conduta

Independentemente das diferenças existentes entre eles, todos têm vários pontos em comum, expostos nos incisos "i" a "vii", que vamos comentar agora. No Capítulo 4, retornaremos ao assunto, para mostrar as características de cada tipo de código anteriormente citado.

3.6.1 Apresentação/abrangência

Devemos declarar que se trata de um código de conduta, fundamentado em princípios éticos que, por sua vez, serão desdobrados em normas de conduta. Alcança todos os colaboradores da organização (líderes e liderados) e, no caso de conglomerado de empresas, deve aplicar-se a todas elas, indistintamente. O que se recomenda aqui é que, no caso de várias empresas interligadas, não se deve ter vários códigos, porque o que desejamos construir é uma "cultura ética" em todas elas, e o código de conduta é o instrumento por excelência para a construção e uniformização dessa cultura. Repetimos: o código é a "ponte" entre a ética e a empresa!

3.6.2 O processo de elaboração

O *processo de elaboração* merece um registro especial porque vai mostrar ao pessoal que não se trata de um documento nascido na cúpula e de lá "baixado" para todos os demais níveis. Ao relatar a formação do grupo de trabalho, sua coordenação, o tempo dedicado a pesquisas de clima, de escolha dos princípios, de discussão das diretrizes comportamentais, o processo escalonado de aprovação, incluindo a audiência pública, estaremos descrevendo um processo bem democrático e aberto à participação de todos, o que contribui muito para o nível de acolhimento pelos destinatários. Embora sucinto, esse registro histórico deve conter desde a data de início dos trabalhos, com a primeira reunião do GT, até a aprovação final pela administração.

3.6.3 Objetivos do código

Preferencialmente, o objetivo central de um código de conduta é a criação de uma cultura de confiança, respeito e solidariedade, mas podemos ampliar o escopo para chegar a um nível de maior detalhamento, que poderá:

- valorizar o trabalho;
- propor uma visão de conjunto de todas as atividades desenvolvidas pela empresa, com vistas a melhorar resultados;
- estabelecer forma de administrar conflitos de interesses;
- enfatizar a importância e a necessidade de contínuo aprimoramento cultural e profissional de todos os colaboradores;
- incentivar o relacionamento construtivo com outras entidades;
- servir de referência para avaliação de eventuais violações das normas de conduta consagradas no código;
- preservar a imagem e a reputação da empresa ou organização, como valores indispensáveis para um relacionamento de alto nível com clientes, credores, investidores, autoridades e comunidades, no plano externo, e com seus próprios administradores e empregados no plano interno.

3.6.4 Princípios éticos escolhidos e respectivos conceitos

Estamos falando de "princípios éticos", sobre os quais pretendemos construir a "cultura ética" da organização. Para que esse objetivo seja alcançado, é necessário que a escolha dos princípios não seja aleatória, mas orientada por pesquisas prévias de clima organizacional. Se a sua empresa não tem por hábito promover, periodicamente, esse tipo de pesquisa prévia por meio de escritórios especializados, poderá desenvolver, ela própria, uma pesquisa específica sobre relacionamentos internos e externos, bem como sobre conflitos de interesses e, a partir dos resultados dessa pesquisa, identificar pontos de correção ou de melhoria que serão tratados no seu código de conduta.

Se tivermos a cautela de promover primeiro o diagnóstico e depois escolher os princípios, não correremos o risco de produzir um código totalmente dissociado da realidade de nosso ambiente de trabalho. Não estaremos incidindo no erro tão difundido pelos anúncios de remédios na televisão, nos quais você é convidado a tomar algum remédio e só procurar o médico se o remédio não fizer efeito...

Sintetizando, uma vez identificados os pontos de conflitos de interesses e de relacionamentos entre companheiros de trabalho, áreas da empresa etc., vamos escolher os princípios éticos mais adequados para equacioná-los. Escolhidos esses princípios, eles devem ser claramente conceituados, para que não haja dúvidas quanto ao que o código está defendendo. Mais adiante, você encontrará vários exemplos de "princípios éticos", com o respectivo desdobramento em normas de "fazer" e de "não fazer". Esses exemplos são aqui registrados apenas como orientação para os leitores, aos quais caberá sempre a escolha final.

3.6.5 Desdobramento de cada princípio em normas de conduta

Em seguida, de maneira muito objetiva, devemos desenvolver as *normas de conduta* para cada princípio, classificando-as em dois grupos:

1. o que *devemos* fazer; ou, simplesmente, *devemos*;
2. o que *não devemos* fazer; ou, simplesmente, *não devemos*.

A ordem é essa mesma: sempre o SIM em primeiro lugar!

3.6.6 Informação sobre a gestão do código

A gestão do código é uma tarefa de especial relevância. É bom deixar desde logo registrado que uma boa gestão do código é elemento indispensável para o êxito do projeto, porque vai envolver o apoio ao trabalho de divulgação entre todos os envolvidos, a atualização do código, sua interpretação e aplicação, esclarecimento de dúvidas, julgamento de denúncias etc. Nossa proposta é que essa tarefa de primeira grandeza seja exercida pelo Comitê de Ética, ou Comitê de Conduta, ou ainda, Comitê de Conduta Ética (o nome você escolhe!). Dada a importância desse comitê, vamos, adiante, voltar a ele com mais detalhes.

3.6.7 Compromisso de conhecimento e conformidade

Esse é, normalmente, o último documento encontrado em um código. Ao receber um exemplar, o destinatário deverá assinar uma declaração confirmando o recebimento e comprometendo-se a conhecer e praticar o código. Com isso, se evita que, em eventuais futuros conflitos, alguém venha a usar a desculpa esfarrapada de que não recebeu o código ou não teve tempo para ler...

Resumo: A governança corporativa não veio para substituir a boa gestão empresarial. Ao contrário, tomou-a por base para, por meio da adição de princípios éticos, promover a administração a um patamar mais elevado, complexo, abrangente e útil. Às funções tradicionais de gerenciamento e controle somaram-se os conceitos de missão, visão e valores, tornando ainda mais efetiva a reconhecida capacidade da empresa de influir positivamente na construção de um mundo melhor. A hegemonia do capital financeiro foi quebrada nas últimas décadas do século passado e a empresa passou a ser vista como um conjunto de capitais de diferentes naturezas, cuja escala de importância varia de acordo com as atividades exercidas e os mercados atendidos. O nosso século terá a inigualável oportunidade de se valer de todas as múltiplas conquistas do século XX sem repetir as tragédias que nesse ocorreram, como as duas "grandes guerras", nas quais as mortes de pessoas inocentes se contaram por dezenas de milhões. Nossa sociedade está passando, gradativamente, a ser orientada por princípios éticos para desenvolver sua estratégia, em lugar dos interesses econômicos que prevaleceram até aqui. O resultado será, inevitavelmente, uma sociedade menos injusta e mais exigente na questão de prioridades. Esse casamento entre Ética e Estratégia é viabilizado pelo Código de Conduta, um conjunto de normas de "fazer" e de "não fazer" derivadas de princípios éticos e destinadas a criar um "novo normal" nas organizações, ou seja, uma nova cultura comportamental fundamentada em confiança, respeito e solidariedade. Apresentamos os principais dilemas éticos advindos da transformação digital, da covid-19 e da Agenda ESG. O texto expõe as características de um bom código de conduta e orienta sobre sua implementação.

Palavras-chave: Governança corporativa. Gestão empresarial. Princípios éticos. Missão. Visão. Valores. Capital financeiro. Tendências do século XXI. Desafios éticos. Transformação digital. Covid-19. Agenda ESG. Materialidade. Inclusão. Diversidade. Equidade. Pesquisas em seres humanos. Greenwashig. Modelos de códigos de conduta: Código de princípios. Código de relacionamento. Código híbrido. Código integrado. Cultura ética. Pontos em comum dos códigos de conduta. Apresentação. Processo de elaboração. Objetivos. Princípios éticos escolhidos. Desdobramento em normas de conduta. Gestão do código e declaração de conhecimento. Compromisso e conformidade.

CAPÍTULO 4

ELABORAÇÃO DE UM CÓDIGO DE CONDUTA

Apresentação

A preocupação das organizações, particularmente empresariais, com a ética nos negócios, tem crescido muito nos últimos anos, e a tendência é que continue a crescer. Isso corresponde, na prática, a uma atenção maior que a própria sociedade vem dedicando ao assunto, impulsionada, em grande parte, pelos surpreendentes efeitos que a *transparência*, viabilizada por uma informação globalizada, tem tido sobre a corrupção institucionalizada pelo conluio entre empresários e governos. Na realidade, a corrupção não tem aumentado, mas está se tornando cada vez mais visível por força da transparência. Fatos concretos como a prisão de "figurões" estão proclamando que as coisas mudaram, e mudaram muito!

A corrupção, porém, é apenas parte de um problema mais amplo, que consiste em sobrepor princípios éticos aos princípios econômicos que têm ditado os rumos da sociedade, especialmente nos dois últimos séculos. A meta atual é bem mais alta e se expressa pelo esforço de criação de uma "cultura ética" nas organizações. Por "cultura ética" devemos entender um tipo de comportamento e de relacionamento no qual os interesses coletivos, o chamado "bem comum", passam a ser o "novo normal" na atividade humana.

A maneira que nos parece mais eficaz para se chegar a uma cultura em que a Ética seja o "novo normal" é desenvolver um código de conduta para cada entidade. Reiteramos que o código de conduta será a "ponte" entre a ética e a empresa (ou organização).

Como fazer isso? Se a organização, internamente, não conta com pessoas capacitadas ou com disponibilidade de tempo para a elaboração de um código, o caminho mais fácil é a terceirização, isto é, o recurso a profissionais externos (auditores, advogados, consultores) para o desenvolvimento do projeto. Haverá, nesta alternativa, o risco de que, por causa da terceirização, o código resultante não reflita adequadamente a cultura interna da entidade.

Se, todavia, a organização puder contar com elementos bem preparados e familiarizados com o ambiente interno, recomendamos que a elaboração do código seja feita "em casa", por um Grupo de Trabalho (GT) escolhido pela Administração, eventualmente apoiado por uma consultoria experiente.

Nas próximas páginas, vamos colecionar os resultados de nossa atividade na área de revisão e de elaboração de códigos, para desenhar um plano de trabalho que facilite essa tarefa. Explicaremos as etapas básicas para a elaboração de um código de conduta de acordo com a figura a seguir:

Figura 21 – Etapas básicas na construção de um código de conduta

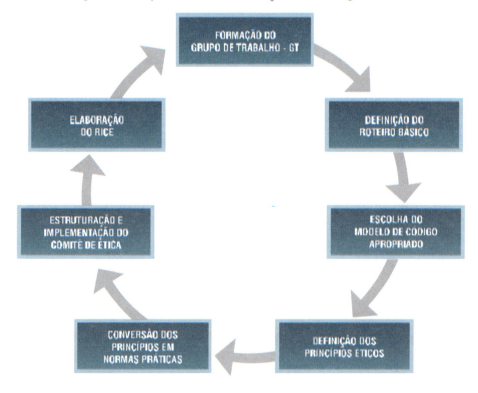

Fonte: Elaboração dos autores.

a) formação do Grupo de Trabalho (GT);

b) roteiro básico de desenvolvimento do projeto (ETAPAS), desde a primeira reunião do GT até o evento final de lançamento do código revisto ou elaborado;

c) escolha do modelo de código mais adequado, em face da natureza da entidade e da amplitude de seu leque de relacionamentos;

d) escolha dos princípios éticos que vão alicerçar o código, antecedida, desejavelmente, por pesquisa de clima organizacional, produzida interna ou externamente para assegurar uma avaliação confiável do "ambiente de trabalho" e um diagnóstico tão fiel quanto possível dos conflitos de interesses internos e externos;

e) conversão de cada princípio em normas práticas de "fazer" e de "não fazer";

f) estruturação do Comitê de Ética, ao qual caberá a gestão do código, ou seja, sua divulgação (torná-lo conhecido de todos os envolvidos), atualização (revisões periódicas), interpretação (esclarecimento de dúvidas) e aplicação (recebimento e processamento de denúncias de violação);

g) estruturação do RICE – Regimento Interno do Comitê de Ética que vai institucionalizar os procedimentos do Comitê (composição, coordenação, processamento de denúncias etc.);

h) programas de treinamento para o Comitê de Ética e para os facilitadores e multiplicadores internos;

Os últimos três itens: Comitê de ética, estruturação do RICE e programas de treinamentos internos serão tratados detalhadamente no Capítulo 5.

4.1 Processo de elaboração e atualização

Há dois caminhos para se desenvolver esse projeto:

a) terceirizando: contrata-se uma consultoria, auditoria ou escritório de advocacia que cuidará de tudo. É a solução mais simples, nem sempre a mais barata, e tem como maior inconveniente nem sempre gerar um documento feito sob medida para a organização interessada. Corre-se o risco de se receber um texto padronizado, com alguns ajustes apenas para diferenciá-lo da vala comum.

b) desenvolvendo o trabalho internamente, através de um Grupo de Trabalho formado por pessoas "da casa" com um mínimo de vivência da cultura da empresa. Nessa alternativa, as chances de se chegar a um texto mais afinado com a cultura interna são bem maiores. Se houver contratação de consultoria externa, o trabalho desta será orientar o Grupo de Trabalho (GT) no desenvolvimento do projeto e proceder à revisão final do texto, mas não substituir o GT no trabalho de redação.

Feita a opção pelo segundo caminho (b), temos que cuidar da tarefa estrategicamente prioritária, que é a *formação do Grupo de Trabalho (GT)*. Aconselhamos que reúna de 5 a 10 pessoas com algum tempo mínimo de trabalho na empresa (2 ou 3 anos), de áreas diferentes, como recursos humanos, auditoria interna, assessoria jurídica, comunicação etc. e variadas qualificações profissionais (economistas, contadores, engenheiros, advogados etc.). É essencial que a colaboração dessas pessoas nesse projeto seja vista pela Administração e pelos colegas como "serviço relevante" prestado à organização, dentro do horário de expediente e sem mudança em suas condições de remuneração. Outro ponto muito crítico é que o GT deve gozar de plena independência de opinião, constituindo-se, por isso, num valioso órgão de apoio à administração nas questões – frequentes em qualquer lugar – de cumprimento das normas de conduta. Destacamos que essa "independência de opinião do Comitê" é um valioso aliado dos administradores, particularmente quando se estiver cuidando de uma violação ao código causada por um deles!

Instalado o GT, o passo seguinte será a definição das **etapas** do projeto, para o que sugerimos o cronograma apresentado a seguir.

4.2 Etapas do trabalho

Figura 22 – Síntese das etapas do projeto

CÓDIGOS DE CONDUTA • ETAPAS DE ELABORAÇÃO
Através de um Grupo de Trabalho Interno

1 REUNIÃO DE ABERTURA

1.1 "Mesa redonda" sobre ética nas empresas, conflitos de interesses e códigos de conduta.
1.2 Planejamento dos trabalhos em etapas, começando pelas pesquisas preliminares internas.
1.3 Discussão do "questionário preliminar" para ser utilizado na pesquisa.

2 PESQUISA DE CLIMA ORGANIZACIONAL

2.1 Questionário ajustado à cultura da empresa.
2.2 Carta de apresentação dirigida pelo presidente ao público selecionado para responder à pesquisa.
2.3 Distribuição, indicação de prazo para resposta.
2.4 Tabulação dos resultados.

3 ESTRUTURA BÁSICA DO CÓDIGO

3.1 Principais éticos aplicáveis.
3.2 Normas de conduta aplicáveis.
3.3 Normas especiais para cargos de liderança.
3.4 Definições sobre "gestão de Código".

4 APRECIAÇÃO DA DIRETORIA E CONSELHO

4.1 Manifestação da Diretoria, incorporação aos textos.
4.2 Manifestação do Conselho, incorporação ao textos.

5 AUDIÊNCIA PÚBLICA

5.1 Públicos-alvo: prazo para manifestação.
5.2 Análise das respostas.

6 APROVAÇÃO E IMPRESSÃO

6 LANÇAMENTO E DISTRIBUIÇÃO

Fonte: Elaboração dos autores.

A seguir detalharemos cada etapa do infográfico.

4.2.1 Primeira reunião do GT

1.1. É usual convidar-se um professor, consultor ou administrador para fazer uma exposição sobre os conceitos de ética (há muita confusão nesse terreno), sobre os objetivos centrais de um código de conduta, bem como conduzir e moderar o debate do tema por todos os presentes neste primeiro encontro. Merecerão destaque os conflitos de interesses nas relações internas, as diferenças entre códigos de conduta, códigos disciplinares e "políticas", bem como as vantagens de se ter um código de conduta bem ajustado à realidade de cada organização.

1.2. É importante saber, já no início dos trabalhos, se a entidade promove rotineiramente pesquisas de clima organizacional. Essas pesquisas, se atualizadas, vão ter influência poderosa na identificação dos problemas e conflitos existentes nas relações internas e externas, facilitando sobremodo a escolha dos princípios éticos e a definição de normas de comportamento mais adequadas. Algo parecido com só usar remédio com a receita do médico na mão... Caso as pesquisas de clima não sejam realizadas habitualmente, a alternativa é o próprio GT promover uma e, para esse fim, você encontrará neste livro um modelo de questionário de comprovada utilidade, a partir do qual os problemas e conflitos podem ser diagnosticados.

1.3. É de inteira conveniência que o GT discuta o questionário oferecido ponto por ponto, para convencer-se de sua aplicabilidade prática às peculiaridades da empresa.

Exemplificamos a seguir o que poderia ser considerado uma pesquisa interna sobre clima organizacional e conflitos de interesse

QUESTIONÁRIO PARA PESQUISA PRELIMINAR

Pesquisa interna sobre clima organizacional e conflitos de interesse:

Numa escala de níveis de 0 a 3, em que

0 = nenhum,

1 = baixo,

2 = médio,

3 = alto,

avalie cada uma das questões abaixo:

A) AMBIENTE DE TRABALHO

1. Importância, na organização, do problema "conflitos de interesses" [ ]
2. Grau de intercâmbio e cooperação entre todos os colaboradores [ ]
3. Nível de cordialidade nas relações de trabalho [ ]
4. Nível de franqueza nas relações de trabalho [ ]
4. Estimulo ao desenvolvimento profissional [ ]
5. Preocupação da org. com o bem-estar dos colaboradores, dentro e fora do ambiente de trabalho [ ]
6. Frequência de atos que podem caracterizar exploração do trabalho [ ]
7. Estímulo dos administradores para o trabalho em equipe [ ]

B) INTEGRIDADE E RESPEITO À LEI E ÀS NORMAS INTERNAS

1. Conhecimento das normas operacionais e disciplinares internas [ ]
2. Conhecimento da legislação que rege a atividade [ ]
3. Importância que a org. atribui ao recebimento de brindes e presentes pelos colaboradores [ ]
4. Grau de confiabilidade e segurança dos registros e controles internos [ ]

5. Importância que a org. atribui à integridade na vida particular [ ]

6. Grau de preocupação da org. com atividades político-partidárias dos colaboradores [ ]

7. Frequência de casos de uso de bens da org. para interesses pessoais [ ]

C) EQUIDADE

1. Importância do fator MÉRITO:

a) nas admissões [ ]

b) nas promoções [ ]

c) na remuneração [ ]

2. Grau de respeito e consideração nas relações entre:

a) chefes/subordinados [ ]

b) colaboradores de áreas ou praças diferentes [ ]

3. Frequência de atos de discriminação por motivo de cor, sexo, convicção política ou religiosa, deficiência física ou mental, idade etc. [ ]

D) COMUNICAÇÃO

1. Nível de conhecimento dos colaboradores sobre os objetivos da org., tanto no plano econômico como no social [ ]

2. Grau de confiabilidade das informações transmitidas a:

a) clientes [ ]

b) fornecedores [ ]

c) autoridades [ ]

d) órgãos de classe [ ]

e) Imprensa [ ]

3. Respeito à confidencialidade [ ]

4. Receptividade dos administradores às sugestões de melhoria [ ]

E) RELAÇÕES COM A COMUNIDADE

1. Participação da org. e de seus colaboradores em campanhas educativas de qualquer natureza [ ]
2. Participação da org. e de seus colaboradores em iniciativas filantrópicas e de assistência social [ ]
3. Respeito à legislação sobre meio-ambiente [ ]
4. Esforço para criar e manter uma consciência de respeito pelo meio-ambiente em todos os níveis da org. [ ]

F) RELAÇÕES COM CLIENTES

1. Esforço de atendimento rápido e eficiente [ ]
2. Comprometimento com altos padrões de qualidade [ ]
3. Receptividade a queixas e reclamações [ ]

G) RELAÇÕES COM A CONCORRÊNCIA

1. Grau de cooperação em assuntos de interesse comum [ ]
2. Nível de respeito pela reputação dos concorrentes [ ]
3. Frequência de ações com objetivo claro ou oculto de prejudicar o concorrente [ ]
4. Interesse, como aprendizado, por iniciativas da concorrência [ ]

NOTA IMPORTANTE – O presente questionário não tem por objetivo produzir uma "pesquisa de opinião" formal. Seu objetivo é apenas chamar a atenção de cada participante do Grupo de Trabalho para a importância, para a Organização e para seus colaboradores, dos temas preliminares que vão ser discutidos e orientar o próprio grupo sobre a ênfase que esses temas deverão receber no código. A sugestão de outros temas não contemplados neste documento é recomendada.

4.2.2 Pesquisa interna

2.1. O modelo de questionário que oferecemos deverá passar pelos ajustes que a discussão citada no Item 1.3 sugeriu e ser submetido ao Presidente da organização, ou a quem ele delegar, com um pedido de autorização para distribuição interna. É também muito importante que se defina, de saída, a abrangência da pesquisa, o que dependerá, naturalmente, do tamanho e da diversidade do quadro de pessoal. O ideal seria que todos os colaboradores fossem consultados, já que serão alcançados pelo Código, mas é admissível que a pesquisa se dirija a apenas parte do pessoal – detalhe que deverá constar do pedido que o GT vai encaminhar à administração.

2.2. Ao se divulgar a pesquisa, terá muita força o fato de ser ela capeada por uma mensagem do Presidente sobre os objetivos do trabalho e seus benefícios para todos.

2.3. Hoje estão disponíveis vários meios de realização desse tipo de pesquisa. A Intranet é um deles. É usual dispensar a identificação dos respondentes para não suscitar receios e desconfiança. Por fim, o prazo para resposta deve ser informado e respeitado (10 a 15 dias são usuais).

2.4. Concluído o prazo para respostas e verificada a existência de uma amostra significativa do universo pesquisado, procede-se à tabulação dos resultados com o objetivo de classificar as práticas observadas na organização em três categorias que dispensam maiores comentários:
- MANTER
- MELHORAR
- CORRIGIR

4.2.3 Montagem da estrutura básica do código

3.1. O primeiro passo é a *formação do Grupo de Trabalho (GT)*, sobre o qual registramos algumas sugestões anteriormente.

3.2. O segundo passo será a escolha, pelo GT, do *modelo de código* a ser adotado, ponderadas as características de cada empresa ou organização.

Nossa recomendação tenderá sempre para o CÓDIGO INTEGRADO, ou tridimensional, que pode funcionar também como um verdadeiro retrato de corpo inteiro ou cartão de visita da empresa, especialmente no caso de abertura de negociações com outras entidades, primeiros contatos com autoridades, novas frentes de negócios no exterior etc.

3.3. Com base nos resultados da pesquisa preliminar interna à qual nos referimos no Item 2 e que foi exemplificada no item anterior, devemos escolher os "princípios éticos" que vão dar suporte aos nossos objetivos de melhorar os relacionamentos internos e externos, administrar os conflitos de interesse e elevar o nível de confiança, respeito e solidariedade entre pessoas e áreas. Devemos ter o cuidado de não trabalhar com um leque muito alto de princípios porque isso poderia refletir em menor ênfase nos aspectos realmente críticos da organização. Lembramos que o Código das Melhores Práticas de Governança Corporativa do IBGC, já na 5ª edição, se desenvolve a partir de quatro princípios (transparência, equidade, prestação de contas e responsabilidade corporativa). Acreditamos que um número entre 5 a 8 princípios está de bom tamanho para a maioria dos códigos cujos titulares sejam empresas.

3.4. É importante pontuar que em empresas pequenas familiares os sócios costumam definir eles mesmos os princípios a serem desdobrados internamente.

3.5. O próximo passo será, de maneira bastante sucinta e clara, expressar nosso entendimento sobre cada princípio e, na sequência, desdobrar cada um deles em normas de "fazer" e de "não fazer", ou em dois grupos: "devemos" e "não devemos", nesta ordem, pois em Ética o SIM vem sempre em primeiro lugar!

3.6. Levando em conta o fato de que a definição do papel dos líderes tem evoluído para "o uso da autoridade para garantir o sucesso dos liderados" – o que também se aplica aos pais, professores, gerentes, diretores etc. –, é totalmente pertinente que o nosso código apresente um princípio chamado de "**Liderança Responsável**", ou de "**Normas especiais para os líderes**", no qual se oferecem algumas recomendações para facilitar o exercício da função. Já vimos código de âmbito mundial em que se destacava a figura do "líder ético": pessoas com funções de comando que, ao mesmo tempo, deveriam conhecer em profundidade o código da conduta da organização para resolver questões e prover orientação em assuntos de comportamento.

4.3 Princípios éticos e normas de conduta

Seguem-se exemplos de princípios e normas encontrados em vários códigos e que podem ajudar bastante na construção ou reconstrução do código de qualquer empresa. Em conformidade com o que sugerimos em capítulos anteriores cada princípio é nomeado e conceituado, tendo em vista ser da máxima importância, para a boa aplicação do código, que normas e princípios sejam redigidos com a máxima clareza e objetividade. Isso quer dizer que lugares-comuns, como sinceridade, honestidade, seriedade etc., devem ser evitados, dado o elevado grau de subjetividade que seu entendimento envolve. Nessa linha, vamos aos exemplos:

1º Exemplo – Integridade

A atuação de nossa empresa se sujeitará às leis vigentes no país, e toda e qualquer iniciativa ou projeto deverá ser avaliado, em primeiro lugar, sob o aspecto de sua legalidade. Inclui-se nesse conceito a fiel observância de todas as normas internas que regem a nossa atividade.

Deveres de FAZER:
- *todos os nossos colaboradores deverão conhecer e aplicar nas suas atividades a legislação do país, as regulamentações específicas do setor, melhores práticas de governança corporativa, bem como todas as normas e políticas internas da companhia, cuja inobservância poderá comprometer as relações de trabalho;*
- *todos os fatos e atividades decorrentes das operações realizadas pela companhia devem ser registrados integralmente, tempestivamente e fielmente, sejam operacionais, comerciais, financeiros, contábeis ou administrativos;*

- *todos os colaboradores são responsáveis pela integridade das informações e dos seus respectivos registros, que devem ser mantidos e preservados de acordo com a legislação vigente e com as políticas internas relativas ao armazenamento e classificação de documentos;*
- *todos os nossos compromissos devem ser assumidos, seja pela empresa, seja pelos colaboradores, na certeza de que possam ser cumpridos;*
- *nas eventuais situações de conflitos, os interesses da empresa devem sempre prevalecer sobre os interesses particulares;*
- *ao identificar qualquer situação de potencial conflito em que esteja envolvido, o colaborador deve abster-se de participar das discussões sobre o tema e informar seu gestor imediato;*
- *manter absoluta integridade em nossa vida profissional e pessoal como forma de contribuir para a boa imagem da própria empresa;*
- *todas e quaisquer informações, estratégias, manuais, políticas, entre outros, são de propriedade intelectual da empresa, e deverão ser utilizados exclusivamente para as atividades desempenhadas pelos colaboradores em suas funções;*

Deveres de NÃO FAZER:
- *manifestar-se publicamente em nome da empresa quando não expressamente autorizado;*
- *utilizar bens e instalações da empresa para fins particulares, ainda que fora do horário de trabalho, salvo quando autorizado, em caráter excepcional, pelo superior hierárquico;*
- *oferecer ou receber vantagens de qualquer natureza que possam configurar tentativa de obter ou conceder favorecimento a terceiros interessados em manter relacionamento comercial conosco. Excluem-se dessa vedação os brindes de caráter puramente institucional e distribuição generalizada. Em casos de dúvida, o superior hierárquico ou o Comitê de Ética deverá ser consultado;*

- *praticar qualquer discriminação em relação a cor, raça, religião, sexo, preferência sexual, idade, bem como tolerar qualquer forma de assédio moral ou sexual;*
- *envolver-se no exercício de suas funções em atividades ou relacionamentos que façam uso do trabalho infantil ou forçado.*

Este primeiro exemplo ilustra bem a estrutura que estamos recomendando, a saber:
- PRINCÍPIO ÉTICO
- CONCEITUAÇÃO
- NORMAS DE FAZER ("DEVEMOS")
- NORMAS DE NÃO FAZER ("NÃO DEVEMOS")

Nos 12 exemplos que se seguem, registramos apenas, como sugestões, os pontos positivos e negativos que podem ou devem ser abordados e convertidos em normas expressas de "fazer" e de "não fazer", mas insistimos na recomendação de que o formato final seja o do primeiro exemplo. Uma ressalva: não há qualquer obrigatoriedade no sentido de que, em todos os princípios, se alinhem normas de *fazer* e de *não fazer*. Haverá situações em que apenas os pontos afirmativos ou negativos serão suficientes para alcançar nosso objetivo, que será sempre o de "materializar" os princípios éticos que adotamos, convertendo-os em obrigações de ordem moral (devemos/não devemos).

2º Exemplo – Compromissos com a empresa

Administradores e funcionários comprometidos e empenhados devem exercer suas funções visando ao crescimento e desenvolvimento da empresa, apresentando sugestões e ideias inovadoras e contribuindo para melhoria contínua de seus resultados, que são indispensáveis para sua sustentabilidade econômica.

Pontos a desenvolver (positivos e negativos)
- *conhecimento e prática de todas as normas internas;*
- *esforço de localizar áreas de criação ou elevação de receitas e de eliminação ou redução de custos;*
- *atenção especial para os assuntos relacionados a clientes;*
- *utilizar todos os bens e sistemas de comunicação e de processamento, que são propriedade da empresa, exclusivamente em assuntos de interesse dela;*
- *evitar na vida pessoal ou profissional atitudes e ações de que possam resultar em danos à imagem e reputação da empresa;*
- *evitar práticas que possam colocar a empresa em posição de transgressora de leis ou regulamentos e alvo de ações de iniciativa do poder público (lei anticorrupção);*
- *conhecimento adequado da legislação anticorrupção do país;*
- *as oportunidades de negócios que surjam no ambiente da empresa devem ser aproveitadas por ela própria e não por qualquer de seus colaboradores;*
- *é importante colaborar com os órgãos de fiscalização e controle com a prestação rápida e segura de informações por eles solicitadas;*
- *destacar se o regime de trabalho é de dedicação exclusiva, ficando eventuais exceções na dependência de autorização superior;*
- *no caso de conflitos de interesses, devem prevalecer os interesses da empresa.*

3º Exemplo – Compromissos da empresa

Se há compromissos do pessoal perante a empresa, a recíproca é a assunção, pela empresa, de compromissos perante seus colaboradores.

Pontos a desenvolver (positivos e negativos)
- *reconhecimento e valorização dos colaboradores pelos resultados de seu trabalho e por seu mérito pessoal;*
- *respeito às pessoas, independentemente de sexo, idade, formação, origem, credo e posição social;*
- *estimular a diversidade de ideias, talentos e opiniões;*
- *manutenção de um ambiente de trabalho no qual as relações sejam pautadas pela confiança, respeito e solidariedade;*
- *críticas e sugestões que tenham por objeto a melhoria dos processos e dos relacionamentos internos e externos devem ser reconhecidas como serviços relevantes prestados pelos seus autores;*
- *promover o equilíbrio entre vida pessoal e vida profissional de todos os colaboradores;*
- *preocupação com as famílias dos colaboradores, como elementos eficazes de integração entre empresa e trabalho;*
- *liberdade de associação;*
- *ênfase na saúde no trabalho;*
- *uso adequado de tecnologia*

4º Exemplo – Equidade

Caracteriza-se pelo tratamento justo e isonômico de todos os sócios e demais stakeholders, *levando em conta seus direitos, deveres, necessidades, interesses e expectativas.*

Pontos a desenvolver (positivos e negativos):
- *busca de diversidade na formação do quadro de pessoal;*
- *fator mérito nas admissões, promoções e remuneração;*
- *nas cias. abertas, uma ação = um voto;*
- *repulsa a qualquer forma de discriminação;*
- *uso de imparcialidade absoluta em qualquer julgamento;*
- *respeito às opiniões divergentes das nossas;*
- *interesses coletivos sempre acima dos interesses pessoais nos casos de conflitos;*
- *igualdade no direito de acesso a informações de interesse geral;*
- *cuidados com as "informações privilegiadas";*
- *igualdade de oportunidades no desenvolvimento profissional;*

5º Exemplo – Prestação de contas

É dever dos eleitos para qualquer cargo prestar contas de seu desempenho àqueles que os elegeram; é direito dos eleitores exigir prestação de contas daqueles em quem votaram.

Pontos a desenvolver (positivos e negativos):
- *o conceito de "mandato" (eleição ou nomeação para uma atividade específica);*
- *quem deve prestar contas;*

- *quem pode ou deve exigir prestação de contas;*
- *características da prestação de contas: fidelidade, tempestividade;*
- *responsabilidade pelas informações distribuídas.*

6º Exemplo – Transparência

As organizações são transparentes quando mostram o desejo de, além das obrigações que a legislação lhes impõe, fornecer espontaneamente aos **stakeholders** *todas as informações de que estes necessitam para avaliar corretamente o grau de risco que estão assumindo em seu relacionamento com as organizações.*

Pontos a desenvolver (positivos e negativos):
- *fidelidade dos registros contábeis, fiscais, financeiros e facilidade de acesso;*
- *empenho na construção de uma imagem de organização confiável;*
- *casos de sigilo nas informações;*
- *rapidez e simetria no fornecimento de informações;*
- *cuidados com as "informações privilegiadas";*
- *informações sobre aspectos negativos do desempenho;*
- *disponibilidade de canais de denúncia ou ouvidoria,* **ombudsman** *etc.;*
- *transparência interna e externa;*
- *atitude perante notícias inexatas ou distorcidas divulgadas pela mídia;*
- *atitude perante boatos;*
- *política de porta-vozes;*
- *atitude perante órgãos de fiscalização.*

7º Exemplo – Respeito pela concorrência

Devemos reconhecer que sem a concorrência não se pode falar em mercados livres.

Pontos para desenvolver (positivos e negativos):
- *aprender com os concorrentes;*
- *participar de atividades de interesse para o setor;*
- *respeito pela reputação dos concorrentes;*
- *lealdade na concorrência;*
- *competência em vez de competição;*
- *acordos de manipulação de mercado;*
- *espionagem;*
- *contratação de colaboradores ligados a concorrentes;*

8º Exemplo – Sustentabilidade ambiental

Mais do que ações pontuais, é fundamental que se crie na organização uma cultura de respeito pelo meio ambiente.

Pontos para desenvolver (positivos e negativos):
- *obediência à legislação e às normas internas sobre meio ambiente;*
- *evitar toda e qualquer forma de desperdício;*
- *proteger a biodiversidade;*
- *comunicar eventuais infrações à administração e, se for o caso, às autoridades;*
- *relações de negócios com empresas que poluem ou desperdiçam;*
- *apoio a iniciativas de educação ambiental;*
- *identificar e avaliar os danos ao meio ambiente causados pela própria organização;*

- *tratamento de resíduos;*
- *contingências criadas pelo desrespeito ao meio ambiente.*

9º Exemplo – Responsabilidade social

A visão moderna do papel da empresa é a criação de valor para a sociedade, a começar pelos sócios, bem como dispensar tratamento equitativo a todos os capitais envolvidos na operação: humano, natural, financeiro etc.

Pontos para desenvolver (positivos e negativos):
- *criação de valor em vez de "transferência de valor";*
- *a visão para longo prazo;*
- *consumo supérfluo induzido por técnicas de comunicação;*
- *critérios de prioridade nos gastos da empresa e da sociedade;*
- *crescimento econômico e qualidade de vida;*
- *formas de concentração de renda;*
- *responsabilidade social como cultura, não ações pontuais.*

10º Exemplo – Solidariedade

A solidariedade é o nível mais alto do relacionamento humano e as empresas são veículos muito adequados para sua prática.

Pontos para desenvolver (positivos e negativos):
- *trabalho em equipe;*
- *responsabilidade conjunta pelo sucesso da organização;*
- *competência acima de competição;*
- *estímulo às ideias novas e à liberdade de opinião;*
- *cordialidade em todas as relações internas e externas;*
- *valorização da diversidade;*
- *situações de dificuldade e sofrimento;*

- *campanhas educativas e de estímulo à ação comunitária;*
- *prática do companheirismo dentro e fora do ambiente de trabalho;*
- *busca de consenso nas decisões de grupo; respeito às divergências.*

11º Exemplo – Valorização do capital humano

A empresa reconhece que muito de seu sucesso vai depender do nível de satisfação de seus clientes e do engajamento de seus colaboradores.

Pontos para desenvolver (positivos e negativos):
- *condições básicas de higiene e segurança no ambiente de trabalho;*
- *participação de colaboradores em órgãos de classe;*
- *atividades político-partidárias: estimulo ao exercício da cidadania;*
- *receptividade para críticas e sugestões de caráter construtivo;*
- *diálogo em tom de cordialidade mesmo nas divergências;*
- *equilíbrio entre vida pessoal e vida profissional;*
- *interesse pelas famílias dos colaboradores;*
- *repúdio a qualquer forma de assédio ou trabalho forçado, particularmente o infantil;*
- *relacionamento afetivo entre colegas de trabalho.*

12º Exemplo – Relacionamentos construtivos

Desenvolver normas específicas para relacionamento com grupos destacados de stakeholders: *acionistas, clientes, fornecedores, autoridades, imprensa, concorrentes etc., e deixar bem claro o que não será permitido nesses relacionamentos.*

13º Exemplo – Liderança responsável

O principal papel do líder é garantir o sucesso dos liderados.

Pontos para desenvolver (positivos e negativos):

- *manter os liderados permanentemente informados sobre os planos da empresa;*
- *estimular o trabalho em equipe;*
- *incentivar ideias novas, inclusive críticas e sugestões, e recebê-las sempre como estímulos a um ambiente de maior colaboração;*
- *defender o mérito como o critério por excelência nos processos de admissão, promoção e remuneração do pessoal;*
- *usar sempre o exemplo como instrumento por excelência na comunicação;*
- *garantir a confiabilidade e tempestividade dos registros e controles internos.*
- *casos de violação de normas internas (incl. Código de Conduta): franqueza e firmeza, sem ofensa ao sentimento de dignidade das pessoas.*
- *celebrar vitórias e conquistas dos liderados, ainda que aparentemente pequenas;*
- *zelo pelo equilíbrio econômico-financeiro da organização.*

Terminada esta fase de descrição e qualificação dos princípios éticos, sugerimos uma síntese das principais condutas valorizadas e as que são inaceitáveis pela empresa. Isso facilita o entendimento, o desdobramento interno e serve de apresentação nos *sites* de canais de denúncia, customizando essa ferramenta com os valores específicos da empresa. Os canais de denúncia, digitais, independentes, são ferramentas obrigatórias nos programas de *compliance* e integridade, assunto que será desenvolvido em nosso quinto capítulo. Em empresas pequenas, essa síntese serve como direcionador principal das condutas, conhecidas como regras de ouro da empresa. Segue um exemplo prático do que estamos explicando.

4.4 Condutas valorizadas na empresa

Aplicáveis a todos os sócios, dirigentes, colaboradores e partes interessadas, sintetizamos as principais condutas desejadas na empresa:

1. preservar e cultivar a imagem positiva da empresa;
2. desenvolver condições propícias ao estabelecimento de um clima produtivo e agradável no ambiente de trabalho;
3. tratar as pessoas e suas ideias com dignidade e respeito, preservando o bem-estar da coletividade, respeitando as características pessoais, a liberdade de opinião e a privacidade de cada um;
4. proceder com lealdade, justiça e franqueza nas relações do trabalho;
5. agir com clareza e lealdade na defesa dos interesses da empresa;
6. apresentar-se de forma adequada para o desempenho de suas funções e atividades;
7. abster-se de utilizar influências internas ou externas para a obtenção de vantagens pessoais e funcionais, bem como fazer uso do cargo, da função de confiança ocupada ou da condição de contratado da empresa para obter vantagens para si ou para terceiros;
8. utilizar os recursos da empresa apenas para fins de interesse dela;
9. contribuir para o bom funcionamento de toda a empresa, abstendo-se de atos e atitudes que impeçam, dificultem ou tumultuem a prestação de serviços;
10. recusar presentes e brindes que não sejam de caráter estritamente institucional;
11. elaborar e apresentar informações que reflitam reais posições e resultados econômicos, financeiros, operacionais, logísticos e quaisquer outros que afetem o desempenho da empresa;
12. priorizar e preservar os interesses da empresa junto a clientes, órgãos governamentais, instituições financeiras, fornecedores, entidades e outras corporações com as quais mantenha relacionamento comercial;

13. estar acompanhado de outro colaborador ou da chefia ao manter qualquer relacionamento com fornecedor ou parceiro que possa resultar em contratação que atenda a interesses ou necessidades da empresa;
14. prestar estrita anuência com as diretrizes e a condução estratégica empresarial ao assumir função de confiança da empresa;
15. renunciar ao exercício da função de confiança para a qual tenha sido designado quando houver dissonância com as diretrizes e orientações estratégicas empresariais.

4.5 Condutas inaceitáveis na empresa

Aplicáveis a todos os sócios, dirigentes, colaboradores e partes interessadas, sintetizamos as principais condutas inaceitáveis:

1. reivindicar benefícios ou vantagens pessoais para si próprio ou para terceiros, em decorrência de relacionamento comercial ou financeiro firmado em nome da empresa com clientes, órgãos governamentais, instituições financeiras, fornecedores, entidades e outras corporações com as quais mantenha este relacionamento;
2. ser conivente ou omisso em relação a erros e infrações a este código de conduta e às disposições legais e regulamentares vigentes;
3. exercer outras atividades profissionais durante o expediente, com ou sem fins lucrativos, ou ainda, independentemente da compatibilidade de horários, exercer atividades que constituam prejuízo, concorrência direta ou indireta com as atividades da empresa;
4. exercer qualquer tipo de discriminação de pessoas por motivos de natureza econômica, social, política, religiosa, de cor, raça, gênero ou orientação sexual;
5. permitir que perseguições, simpatias, antipatias, caprichos, paixões ou interesses de ordem pessoal interfiram nas suas relações profissionais;

6. manter sob sua chefia imediata, em cargo ou função de confiança, cônjuge, companheiro ou parente, até o segundo grau civil;
7. prejudicar deliberadamente a reputação de colaborador de outra empresa, de clientes, órgãos governamentais, fornecedores, entidades e outras empresas com quem mantenha relacionamento comercial;
8. pleitear, solicitar ou receber presentes, ou vantagens de qualquer espécie, para si ou para terceiros, além da mera insinuação ou provocação para o benefício que se dê, em troca de concessões ou privilégios junto à empresa;
9. priorizar e preservar interesses pessoais, de clientes, órgãos governamentais, instituições financeiras, fornecedores, entidades e outras empresas, em detrimento dos interesses da empresa;
10. obter vantagens, para si ou para terceiros, decorrente do acesso privilegiado a informações da empresa, mesmo que não acarretem prejuízo para a empresa;
11. utilizar em benefício próprio ou repassar a terceiros, documentos, trabalhos, metodologias, produtos, ferramentas, serviços e informações de propriedade da empresa ou de seus clientes e fornecedores, salvo por determinação legal ou judicial;
12. manifestar-se em nome da empresa, por qualquer meio de divulgação pública, quando não autorizado ou habilitado para tal;
13. fazer uso inadequado e antieconômico dos recursos materiais, técnicos e financeiros da empresa;
14. impedir ou dificultar a apuração de irregularidades cometidas na companhia;
15. alterar ou deturpar o teor de qualquer documento, informação ou dado de responsabilidade da empresa ou de terceiros;
16. facilitar ações de terceiros que resultem em prejuízo ou dano para a empresa;

17. gerar qualquer tipo de confusão patrimonial entre os bens da empresa e seus próprios bens, independentemente de advirem vantagens pecuniárias dessa confusão;
18. manter-se no exercício da função de confiança para a qual tenha sido designado, quando houver dissonância com as diretrizes e orientações estratégicas empresariais.

Por último, encerrando esta etapa de princípios, entendemos a necessidade de deixar claros dois pontos importantíssimos:
1. a responsabilidade dos líderes e dos colaboradores da empresa quanto à manutenção e internalização do código de conduta; e
2. as sanções cabíveis no caso de descumprimento do código de conduta.

Exemplificando, sugerimos algo como:

a) RESPONSABILIDADES ESPECÍFICAS DOS LÍDERES: diretorias, gerências e coordenadorias:
- conduzir-se eticamente perante os membros de sua equipe;
- cumprir e fazer cumprir o código de conduta;
- divulgar esse código de conduta à sua equipe e certificar-se de sua leitura e compreensão;
- orientar os profissionais sob sua responsabilidade acerca de ações ou situações que representem eventuais dúvidas ou dilemas de natureza ética.

b) RESPONSABILIDADES DOS COLABORADORES
- adotar comportamento e postura ética, em conformidade com os preceitos do código de conduta;
- cumprir o que reza o código de conduta;
- buscar orientação do superior imediato para eventuais situações ou dilemas de natureza ética.

c) CUMPRIMENTO DO CÓDIGO DE CONDUTA

O descumprimento das normas constantes no código de conduta da empresa não é admitido e é passível de punições que poderão ser:

- advertência verbal;
- advertência por escrito;
- suspensão;
- demissão sem justa causa;
- demissão por justa causa;
- exclusão do fornecedor, parceiro e colaborador.
- ajuizamento de ações judiciais cabíveis.

Os colaboradores que deliberadamente deixarem de notificar violações ao código de conduta ou omitirem informações relevantes também estarão sujeitos a medidas disciplinares.

Até este ponto temos o "boneco", que retrata todo o esforço desenvolvido pelo grupo de trabalho criado e que precisa da análise e aprovação da alta administração, itens que desenvolveremos a seguir, seguindo as etapas de elaboração do código de conduta.

4.6 Minutas para apreciação da administração

O grupo de trabalho deve condensar suas conclusões sobre os textos em duas minutas: a primeira, como proposta do Código de Conduta; a segunda, como Regimento Interno do Comitê de Ética (RICE).

4.1. A primeira instância superior a ser ouvida sobre as duas minutas é a diretoria da empresa. Vejam que não estamos falando em "diretores", mas em "diretoria", ou seja, sobre uma análise colegiada. No caso de recomendações da diretoria para alterações, acréscimos ou supressões nos textos, estes voltarão para o GT, a quem cabe analisar as alterações propostas, rediscuti-las com a diretoria em caso de divergência e, por fim, incorporá-las.

4.2. No estágio seguinte, as minutas são enviadas ao Conselho de Administração (se houver, claro!) para uma nova apreciação colegiada, e por ele devolvidas ao GT, com as observações que o conselho entender cabíveis. Repete-se aqui o procedimento indicado para as recomendações da diretoria, inscritas no item 4.1. Uma vez superadas eventuais divergências, o GT incorporará as recomendações, e as minutas estarão em condições de, eventualmente, serem submetidas a uma audiência pública.

4.7 Processo de audiência pública

Trata-se, sem sombra de dúvida, de uma boa prática de governança corporativa, pois dá-se oportunidade a todos, ou a uma parcela muito significativa deles, de opinar sobre um conjunto de diretrizes às quais todos, sem exceções, deverão sujeitar-se.

5. A primeira decisão a ser tomada é definir o público-alvo da audiência. Serão todos os colaboradores da entidade? Ou todos os detentores de cargos de gerência? No primeiro caso, teremos uma audiência pública aberta e, no segundo, uma restrita. Cabe ao GT propor à administração qual alternativa lhe parece mais adequada. Acreditamos que o objeto da audiência deverá ser apenas o código de conduta, que se aplica a todos, enquanto o RICE tem um alcance limitado, a saber, o comitê de ética. Em qualquer caminho que se adote, o RICE deverá estar disponível no *site* da empresa.

Um detalhe importante é a fixação de prazo para resposta (algo como 10 a 20 dias), que deverá ser respeitado. Vai prevalecer, para quem não se manifestar dentro desse prazo, o princípio de "quem cala consente"!

5.2. Recebidas as manifestações, caberá ao GT proceder à análise das novas sugestões e concluir se devem ou não ser incorporadas ao texto.

4.8 Minuta final para a administração

O texto final previsto no item 5.2 estará ainda sujeito à crítica dos administradores, tendo em vista ser sua a responsabilidade final pelo documento.

4.9 Impressão e distribuição – eventos

Além de constar, na íntegra, no *site* da empresa, o código de conduta poderá ser impresso para distribuição, tendo já, no final do caderno, um "Compromisso" a ser subscrito pelo destinatário. Estamos falando de uma confirmação do recebimento de um exemplar do código e do compromisso individual de estudá-lo e cumprir seriamente todas as suas diretrizes. Quanto ao Regimento Interno do Comitê de Ética, achamos que sua presença no *site* da empresa é suficiente.

Na questão da impressão, há várias formas, dependendo muito da criatividade da área de comunicação. Há cadernos bem conservadores, isto é, puro texto, sem ilustrações de qualquer espécie. Há outros bem animados, nos quais algumas figurinhas comparecem para vestir o documento de uma aparência alegre e divertida. No extremo, existem códigos que têm duas versões: a conservadora e a apresentada sob a forma de revista em quadrinhos...

O lançamento do código de conduta deve merecer uma atenção especial que reflita a importância que se dá ao assunto, pois entendemos que se está criando um ritual na empresa. De acordo com Freitas,[62] rituais, ritos e cerimônias são atividades planejadas que manifestam o lado concreto da cultura organizacional, por preencherem várias funções, como:

- comunicam a maneira como as pessoas devem se comportar na organização;
- sinalizam os padrões de intimidade e decoro aceitáveis;
- exemplificam a maneira como os procedimentos são executados;
- liberam tensões e ansiedades, visto que geralmente têm um lado criativo ou lúdico;
- dramatizam os valores básicos; e
- exibem experiências que poderão ser lembradas com mais facilidade ou como exemplos.

---

62 FREITAS, M. E. *Cultura organizacional*: evolução crítica. São Paulo: Cengage Learning, 2010.

Como qualquer ritual, o código de condutas precisa ser reforçado anualmente para se tornar parte expressiva da cultura organizacional, resultando, de acordo com Trice e Beyer,[63] na adequação dos indivíduos à cultura da organização, promovendo a estabilidade do grupo, construindo e partilhando regras em relação à forma de agir em certas situações, e na maneira de perceber o nível de importância dos acontecimentos e posturas.

Assim como o lançamento do código de condutas deve ser um ritual de integração empresarial, um grande evento de comemoração com o objetivo de convergir o entendimento de todos da importância desse instrumento, anualmente precisa ser reforçado e reconhecido através da comemoração dos bons resultados e discussão das necessárias atualizações.

O lançamento do código pode coincidir com alguma data importante para a empresa e fará parte das comemorações. Pode ocorrer juntamente com a apresentação, por exemplo, de um grupo de teatro profissional, ou de músicos profissionais e assim por diante. O realmente desejável é que esse evento de lançamento reúna o maior número possível de interessados e que estes sejam contaminados pelo otimismo dos promotores.

4.10 Características de um bom código de conduta

Um bom código de conduta se aplica a qualquer tipo de empresa (estatal, pública, privada, economia mista, aberta, fechada, familiar etc., e, feitas algumas adaptações, também às organizações não empresariais, tipo fundações, ONGs etc.)

Veja, a seguir, uma espécie de "gabarito" que utilizamos na avaliação de um código de conduta como medida preliminar para um processo de atualização/revisão ou como instrumento de avaliação de um novo código em fase final de elaboração (análise das minutas):

---

[63] TRICE, H.; BEYER, J. Studing organizational cultures through rites and ceremonials. *Academy of Management Review*, v. 9, n. 4, 1984.

É equitativo em sua abrangência ou se aplica apenas aos subordinados (**"top down"**)? Um bom código parte do princípio de que, em Ética, não existe hierarquia e se aplica tanto aos líderes quanto aos liderados.

Deixa margem para algum tipo de discriminação ou assédio? Tais práticas – que estão entre as mais frequentes nas relações humanas – devem ser severamente combatidas, porque envenenam o ambiente de trabalho, com múltiplos pretextos (idade, sexo, cor, preferência sexual, ideologia, partido político etc.).

Os princípios éticos estão bem definidos e conceituados de maneira a evitar erros de interpretação, ou as disposições pecam pela subjetividade e pelos lugares-comuns, cuja inteligência varia de leitor para leitor? São exemplos desta segunda alternativa: sinceridade, honradez, honestidade, lealdade, justiça etc.

A forma de conversão dos princípios éticos para as normas de comportamento (deveres de fazer e de não fazer) está bem clara, de forma a não suscitar dúvidas quanto ao sentido de cada uma? A experiência demonstra que, com razoável frequência, as pessoas abrangidas por um código de conduta têm dificuldade de entender algumas das obrigações a que estão sujeitas. Se não entendem, como podem cumprir?

No caso de empresas, aborda com franqueza os objetivos econômicos da entidade e a participação esperada dos colaboradores? Não esquecer que empresas são "entidades econômicas" nas quais o primeiro pilar da sustentabilidade é a geração de resultados positivos – objetivo que será tanto mais bem sucedido quanto maior for o nível de participação de cada um dos colaboradores, não importa quão simples seja a tarefa que executa.

Existe reciprocidade nas relações entre empresa e colaboradores? Se existem compromissos que o pessoal deve assumir perante a empresa, deve haver a contrapartida de compromissos que a entidade deve assumir perante ele. É muito recente o caso de uma CEO japonesa que renunciou ao cargo alguns meses após havê-lo conquistado. Razão? Uma de suas auxiliares suicidou, em sinal de desespero pela quantidade de "serviços extras" que lhe estavam sendo impostos!

Mistura normas de natureza ética (comportamento) com medidas disciplinares que ficariam mais bem colocadas em "políticas" ou regimentos específicos? Um dos casos mais gritantes dessa impropriedade está no Código de Ética do Servidor Público de um dos maiores estados brasileiros, em que se encontram normas como "manter limpo o local de trabalho", "obedecer ao horário de entrada e saída das repartições" catalogadas como "princípios éticos". Faz sentido?

Define bem o papel das lideranças na construção de um bom ambiente de trabalho? A responsabilidade pela existência de um bom ambiente de trabalho cabe a todos os envolvidos, mas não há dúvida de que o líder, pelas funções que desempenha, tem maior poder de influência.

Os objetivos centrais do código estão bem explícitos? O documento estará incompleto se não tratar, com muita objetividade, de melhoria no ambiente de trabalho, construção de um clima de confiança, respeito ao meio ambiente, solidariedade, exercício da cidadania e outros de comparável envergadura.

Está construído em tom dominantemente afirmativo (ênfase no SIM) ou é uma coleção de vedações (ênfase no NÃO)? Compare estas duas recomendações: (a) "Faz aos outros o que queres que eles te façam" – (b) "Não faças aos outros o que não queres que eles te façam". O cumprimento da opção (b) – NÃO – é muito mais fácil: basta que cada um mantenha distância dos colegas, ao passo que a opção (a) – SIM – é uma indução ao companheirismo e à solidariedade.

Contém disposições que podem ser percebidas como manifestação de desconfiança ou mesmo de desrespeito nas pessoas envolvidas? Proibição de porte de armas, de consumo ou comércio de drogas, de apropriação indébita de bens da empresa, de agressões verbais ou mesmo físicas etc. são exemplos muito eloquentes de um mau começo: todos são suspeitos, a menos que provem o contrário!

Como é tratada a questão da "gestão do código"? Isto é, na divulgação, interpretação, atualização, aplicação dos códigos, existem grupos e regimentos internos cuidando disso? Uma boa gestão do código é condição indispensável para seu êxito como instrumento de formação de uma nova cultura organizacional.

Resumo: Há dois caminhos para se produzir um código de conduta: 1) terceirizá-lo, contratando um escritório de consultoria ou de advocacia experiente para desenvolver o documento; 2) produzi-lo internamente, isto é, com um grupo de trabalho formado por colaboradores da organização, de preferência escolhidos pelo presidente, podendo-se, facultativamente, contemplar a assistência técnica de uma consultoria especializada durante todo o processo. O capítulo mostrou formas práticas de desenvolver o projeto, desde a formação e plano de atuação do grupo de trabalho, até a cerimônia de lançamento do código pronto, passando pela escolha de princípios, desdobramento em normas de conduta, aprovação das minutas e audiência pública quanto ao texto final. Quatorze exemplos de princípios e respectivas normas de aplicação são oferecidos e um *check list* final ou gabarito é apresentado para avaliação de um código de conduta como medida preliminar para um processo de atualização/revisão ou como instrumento de avaliação de um novo código em fase final de elaboração.

Palavras-chave: Transparência. Código de conduta. Grupo de trabalho. Questionário para pesquisa de clima organizacional. Princípios éticos. Normas de fazer. Normas de não fazer. Integridade. Ética. Compromissos com a empresa. Compromissos da empresa. Equidade. Prestação de contas. Respeito pela Concorrência. Sustentabilidade ambiental. Responsabilidade social. Solidariedade. Valorização do capital humano. Relacionamentos construtivos. Liderança responsável. Minutas para apreciação da administração. Audiência pública. Impressão. Divulgação. Responsabilidades dos líderes. Responsabilidades dos colaboradores. Descumprimento do código de conduta. Gabarito e *check list* para avaliação de códigos.

CAPÍTULO 5

GESTÃO DO CÓDIGO DE CONDUTA, COMITÊ DE ÉTICA E PROGRAMAS DE INTEGRIDADE E *COMPLIANCE*

Apresentação

Neste capítulo aprofundaremos a essência principal de um código de conduta de sucesso, que é a sua capacidade de se tornar um documento vivo, uma ferramenta viva através da qual os colaboradores de uma empresa tenham, se não as respostas a suas preocupações, pelo menos as orientações para a resolução de seus dilemas diários dentro da organização. Só uma gestão eficiente é capaz de criar a dinâmica necessária para que isso aconteça.

A gestão do código é uma tarefa de especial relevância. Uma boa gestão do código é elemento indispensável para o êxito do projeto de elaboração, manutenção e atualização do código de conduta. Isso porque vai envolver o apoio ao trabalho de divulgação entre todos os envolvidos, a atualização do código, sua interpretação e aplicação, esclarecimento de dúvidas, julgamento de denúncias etc. Nossa proposta é que essa tarefa de primeira grandeza seja exercida pelo Comitê de Ética, ou Comitê de Conduta, ou ainda, Comitê de Conduta Ética.

Como já vimos, o Grupo de Trabalho cuida de elaborar duas minutas: a do Código de Conduta e a do RICE – Regimento Interno do Comitê de Ética. Ambos vão ser submetidos à administração e devem ser por esta aprovados. Já falamos sobre o código e acreditamos que o assunto já está suficientemente exposto nas páginas anteriores. Vamos, então, ao Comitê de Ética e, como parte indissociável dele, ao RICE – Regimento Interno do Comitê de Ética. Vamos desenvolver o seguinte roteiro: Gestão do Código, Comitê de Ética, Regimento Interno do Comitê de Ética (RICE), situação atual dos Comitês de Ética nas empresas brasileiras. correlacionaremos código de conduta com programas de integridade e *compliance* e com os canais de denúncia.

Terminaremos nosso capítulo identificando não só as exigências legais, mas o crescimento no interesse de avaliações, credenciados sobre a qualidade dos códigos de conduta.

5.1 Gestão do código de conduta

O processo de criação do código de conduta nas empresas, com todo o envolvimento interno, de etapas a serem percorridas desde a elaboração até o lançamento, é uma fase muito especial, dinâmica e entusiástica para o público interno. É uma inovação sinalizando mudanças de padrões de condutas, enaltecendo o processo de transparência, fortalecendo a comunicação interna e externa, tendo o seu ápice no lançamento, por meio de um grande evento, marcando, assim, o início de um ritual na empresa.

Como qualquer introdução de processo estratégico nas empresas, o lançamento por si só não basta para que uma implementação eficaz aconteça. Uma gestão específica precisa ser criada inicialmente até que toda a cultura de integridade seja absorvida como grande valor da empresa. A gestão do código de conduta precisa ser idealizada e garantir os cinco pilares básicos defendidos por Kaplan e Norton,[64] e adaptados aos códigos de conduta pelos autores:

---

64 KAPLAN, Robert S.; NORTON, David P. *Execução premium*. São Paulo: Elsevier, 2009.

- mobilizar o público interno quanto à introdução do código de conduta e às mudanças decorrentes, por meio da liderança executiva, como pontuamos no capítulo anterior no item Responsabilidade dos administradores.
- traduzir com detalhes o código de conduta em termos operacionais, levando em consideração os sete módulos de capacitação, muito bem descritos no *Código de Conduta e Integridade: Cartilha do Facilitador*,[65] a seguir reproduzido:

Figura 23 – Os sete módulos da capacitação sobre código de conduta e integridade

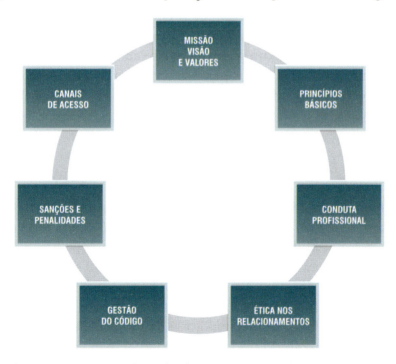

Fonte: SANTA CATARINA. Fundação Escola de Governo ENA. Código de conduta e integridade: cartilha do facilitador. Florianópolis, 2018. 38p. Disponível em: http://189.8.192.132:8080/Biblivre5/DigitalMediaController/?id=MTcxOk NhcnRpbGhhlGRvlEZhY2lsaXRhZG9yLnBkZg==. Acesso em: 26 nov. 2018.

---

[65] SANTA CATARINA. Fundação Escola de Governo ENA. Código de conduta e integridade: cartilha do facilitador. Florianópolis, 2018. 38p. Disponível em: http://189.8.192.132:8080/Biblivre5/DigitalMediaController/?id=MTcxOk NhcnRpbGhhlGRvlEZhY2lsaXRhZG9yLnBkZg==. Acesso em: 26 nov. 2018.

- alinhar a organização com o código de conduta, mitigando os riscos de *compliance;*
- motivar, para transformar o código de conduta em ferramenta viva como responsabilidade de todos; e
- gerenciar; para converter o código de conduta em guia ético permanente e vivo através de um processo de melhoria contínua aplicável a todos os *stakeholders* da empresa.

Todo o processo empresarial precisa ter um responsável, um dono. Com o processo de código de conduta não é diferente. Para garantir os cinco pilares acima descritos e também para atender a requisitos legais, como o já citado artigo 9 da Lei 13.303/2016, que versa sobre a necessidade de capacitação anual dos administradores e colaboradores, uma vez que as regras só terão efetividade se as pessoas compreenderem como e quando aplicá-las, preferimos ver a gestão do código exercida por um Comitê de Ética.

5.2 Comitê de Ética ou Comitê de Conduta

Embora a gestão do código seja tipicamente uma função de *compliance*, preferimos vê-la exercida por um Comitê de Ética, ou seja, um grupo multissetorial de 5 a 10 pessoas, reconhecidas por sua idoneidade pessoal e profissional, escolhidas pela Administração e dotadas de total independência de opinião. As vinculações hierárquicas são mantidas, mas no desempenho de suas funções como membros do Comitê, deve prevalecer a independência de opiniões, razão pela qual o Coordenador do grupo deverá ser escolhido pelo próprio grupo. Em empresas pequenas e familiares, a gestão do código, em muitos casos, fica sob a responsabilidade dos sócios.

Sobre o Comitê de Ética, é necessário definir as suas atribuições e limitações no caso de violações, as suas áreas de atuação e a sua dinâmica de operação, o que deve ser descrito minunciosamente através do Regimento Interno do Código de Ética – RICE.

Iniciaremos desenvolvendo item através de exemplos do RICE, em seguida, as áreas de atuação do comitê de ética. Como item III, o Comitê de Ética em Ação, como item IV, Treinamento dos membros do Comitê de Ética e finalizaremos evidenciando como estão sendo implementados os comitês de ética na prática das empresas brasileiras.

5.2.1 RICE – Regulamento Interno do Comitê de Ética

O RICE deverá prever o prazo dos mandatos para os membros do Comitê. Sugerimos que este prazo seja de 2 ou 3 anos (com exceção do primeiro grupo a ser eleito), e que anualmente se proceda a substituição de 1/2 ou 1/3 do grupo. Haverá, portanto, mandatos de 1, de 2 e de 3 anos no primeiro grupo, mas todos os substitutos serão eleitos pelo mesmo prazo – providência que consagrará o rodízio anual e criará a oportunidade para que, sem prejuízo da continuidade, o grupo se renove por completo e propicie que um número mais elevado de bons colaboradores participe de um serviço relevante.

Os itens que deverão ser abordados no RICE são:

1. O objetivo, como o exemplo:

"Estabelecer os procedimentos a serem seguidos pelo Comitê de Ética em face de pedidos de esclarecimentos ou de denúncias de violação do Código de Conduta da empresa..."

2. As atribuições do Comitê de Ética, tipo:
- zelar pelo cumprimento do código de conduta, garantindo que sejam considerados e respeitados seus princípios e normas em todos os processos de negócio e atividades da empresa;
- orientar e aconselhar sobre ética e conduta, respondendo às consultas formuladas por qualquer público de relacionamento e divulgando, por meio de documento escrito ou eletrônico, orientações ou interpretações que possam contribuir para a efetiva aplicação do código;

- receber representações e denúncias sobre violações às normas do código, bem como proceder à respectiva apuração e julgamento na forma prevista no regimento;
- promover a divulgação do código no âmbito geral da empresa e também para públicos externos, quando for o caso;
- coordenar os trabalhos de atualização do código.

3. Sugestão para minuta de Regimento Interno do Comitê de Ética

O Comitê de Ética da......... será constituído por.... pessoas, escolhidas pelo Presidente, a seu critério, e será coordenado por um coordenador escolhido pelos próprios membros do comitê em cada mandato.

Os membros do comitê não farão jus a remuneração específica pelo exercício do cargo e cumprirão um mandato de.... anos, podendo haver uma recondução consecutiva, desde que assegurada, em cada renovação de mandato, a substituição de pelo menos..... membros. A participação no Comitê será considerada como serviço relevante prestado à empresa e constará da ficha do empregado.

Estarão habilitados a integrar o Comitê os empregados que tenham pelo menos....... anos de tempo de serviço na empresa e sobre os quais não se registrem notas desabonadoras. As pessoas em cargos de administração, como diretores e conselheiros, não participarão do Comitê de Ética.

3.1. Atribuições principais do coordenador:
- convocar e conduzir as reuniões do comitê;
- representar o comitê perante os órgãos de administração;
- designar secretário para as reuniões do comitê;
- indicar, entre os membros do comitê, o seu substituto para os casos de ausência;
- encaminhar imediatamente à área competente os casos em que, além do aspecto de comportamento, se vislumbre a necessidade ou a conveniência de instauração de sindicância interna;

- prestar contas, periodicamente, ao Presidente da......, das atividades exercidas pelo comitê.

3.2. Atribuições dos membros

Os membros terão a faculdade de atuar nos trabalhos do comitê durante o expediente normal da empresa e poderão também consultar e envolver, sempre que necessário, as áreas de recursos humanos, jurídica, auditoria interna, ou qualquer outra, ou pessoa da empresa, quanto à interpretação de normas e implicações legais decorrentes da aplicação do código em cada situação.

A constituição do Comitê de Ética, bem como a substituição de membros, será divulgada pelo Presidente da companhia, por meio de circular geral.

Pelo fato de terem participado do Comitê de Ética, nenhum de seus membros poderá sofrer qualquer prejuízo em seus direitos ou prerrogativas funcionais.

3.3. Deveres dos membros do Comitê de Ética

Os membros do Comitê poderão perder os seus mandatos em virtude de renúncia, de ausência não justificada a, pelo menos, duas reuniões consecutivas ou três intercaladas durante o seu mandato; de quebra de sigilo, de condenação judicial ou condenação em processo administrativo e disciplinar interno, bem como pela inobservância dos preceitos estabelecidos no Código de Conduta.

O integrante do Comitê poderá julgar-se impedido de apurar determinados fatos ou denúncias, devendo, nesta hipótese, apresentar justificativa por escrito ao coordenador do Comitê e abster-se de discutir e votar esses casos específicos. Será considerado automaticamente impedido o membro que tiver cônjuge, companheiro, parentes ou relações de subordinação direta em processo de violação conduzido pelo Comitê.

3.4. Condução dos trabalhos

O Comitê não possui poderes punitivos ou coercitivos de nenhuma natureza, estando a sua função, na hipótese de denúncias, restrita a analisá-las e opinar sobre sua procedência e, na existência desta, sobre a gravidade da violação em julgamento.

Caberá a qualquer membro do Comitê receber, em caráter sigiloso, denúncias de descumprimento do Código, verbais ou escritas, mas sempre de autoria identificada, e encaminhá-las imediatamente ao coordenador. Denúncias anônimas não serão aceitas, a menos que ofereçam nomes, fatos ou documentos passíveis de verificação. Quando solicitado pelo autor da denúncia, sua identidade será mantida em sigilo, no âmbito exclusivo do Comitê.

Caberá ao coordenador do Comitê, verificada a existência de indícios de procedência da denúncia, designar, no prazo de..... dias do recebimento, o relator que cuidará da instrução do processo. A designação de relatores deverá obedecer ao sistema de rodízio. Nos casos em que a denúncia não versar assunto relacionado ao Código de Conduta, o coordenador deverá devolvê-la, com essa justificativa, ao autor. Se, por outro lado, a denúncia oferecer indícios de procedência sobre matéria de competência de outras áreas da empresa, caberá ao coordenador, no mesmo prazo e sob aviso ao autor, proceder o encaminhamento para a área competente.

O relator promoverá todas as diligências cabíveis para formar sua opinião, tais como depoimento das partes envolvidas, de testemunhas, o exame de documentação formal, o recurso a outras áreas da empresa (como previsto no item 10). No prazo de.... dias do recebimento da denúncia (prorrogável, por decisão do coordenador, por igual período), deverá colocar o assunto em votação na primeira reunião ordinária ou extraordinária do Comitê, tendo o cuidado de enviar, aos demais membros, cópia de seu parecer com... dias úteis de antecedência. O prazo total entre recebimento e julgamento das denúncias não deverá exceder.... dias corridos, prorrogável, a critério do coordenador do Comitê, por mais... dias.

Caberá ao presidente do Comitê encaminhar aos superiores hierárquicos dos denunciados, ou ao presidente da diretoria ou do Conselho de Administração, quando for o caso, as opiniões do Comitê sobre as denúncias de violação ao Código.

A documentação relativa a cada denúncia, após a conclusão da apuração, deverá ser mantida em arquivo exclusivo e confidencial, pelo prazo mínimo de cinco anos, de acordo com as normas adotadas para guarda de documentos sigilosos, pelo próprio Comitê de Ética, ou por outra área da empresa, na forma que for previamente acordada.

As respostas do Comitê a pedidos de esclarecimentos ou suas conclusões sobre denúncias recebidas podem ser divulgadas pelos órgãos internos da empresa, sem revelação de nomes das partes envolvidas.

3.5. Sobre as reuniões

O Comitê se reunirá ordinariamente de acordo com uma programação previamente estabelecida pelo seu coordenador ou, extraordinariamente, a pedido de qualquer de seus membros, mediante convocação pelo coordenador, com antecedência mínima de..... dias corridos. A reunião poderá se instalar e deliberar com um quórum mínimo de..... membros, ficando atribuído ao coordenador, nas situações de empate, o voto de qualidade.

As reuniões do Comitê deverão ser documentadas em ata própria e divulgadas a todos os seus membros. As atas serão redigidas pelo próprio coordenador ou por outro membro por ele designado, e um exemplar delas deverá ser remetido ao presidente da empresa.

3.6. Disposições gerais

O Comitê deve dirimir as dúvidas relacionadas ao Regimento Interno, ao Código de Conduta, inclusive às situações não previstas, bem como sugerir as modificações que julgar necessárias na primeira atualização do Código que vier a ocorrer, o que não deverá acontecer em prazo superior a dois anos do seu lançamento. As atualizações subsequentes serão feitas sempre que verificada a sua necessidade, mas observado um intervalo mínimo de dois anos da última atualização.

5.2.2 Algumas recomendações suplementares sobre o Comitê de Ética

Não lhe atribuir poder para aplicação de penalidades, tarefa que deve ser reservada aos administradores. O Comitê funcionará como uma "primeira instância", limitando-se a opinar sobre a existência, ou não, de violação ao Código em cada denúncia recebida e processada, e recomendar à administração o tipo de penalidade que entende cabível. Consequentemente, não incluir administradores em sua composição, reservando esse nível para a "segunda instância" – àquela na qual, com base nas conclusões dos relatórios do Comitê, poderão ser aplicadas penalidades.

Caberá aos membros do Comitê a escolha, em rodízio e por mandatos definidos, de seu próprio coordenador. Essa competência é de fundamental importância para manter a independência operacional do Comitê.

O Comitê de Ética deverá reunir-se ordinariamente para fazer um levantamento de suas atribuições e dos casos em andamento. Isso pode acontecer, por exemplo, a cada três meses. Quando houver processos prontos para julgamento e a próxima reunião ordinária estiver distante, o coordenador convocará reuniões extraordinárias – quantas forem necessárias – para que o prazo final de cada processo não seja ultrapassado, embora o RICE deva prever a hipótese de prorrogação, desde que justificada. Um bom prazo de tramitação é de quatro meses, dependendo do tamanho e da estrutura interna da organização. Pode-se pensar em um prazo de seis meses para os casos mais complexos, que demandam mais investigações, depoimentos etc. Atenção! O bom conceito que o Comitê deve desfrutar em seu meio está diretamente ligado à celeridade com que cuida das denúncias. Cabe a ressalva de que esses prazos são estimativas baseadas na prática e que o coordenador tem poderes para ampliá-los, quando necessário.

5.2.3 Áreas de atuação do comitê

- apoio a todos os meios de divulgação do código, interna ou externamente;

- cuidar da atualização do código, procedendo a sua revisão periódica, para mantê-lo afinado com as mudanças ocorridas na cultura da empresa e da própria sociedade;
- zelar pelo cumprimento do código, garantindo que sejam observados e respeitados seus princípios e normas em todas as atividades e todos os negócios da empresa;
- opinar sobre ética e conduta, respondendo a consultas formuladas por qualquer dos públicos de relacionamento;
- receber e processar denúncias de violação ao Código;
- assessorar o Conselho de Administração na avaliação dos programas de integridade da organização.

5.2.4 O Comitê de Ética em ação

a) Canal de denúncias:

Uma das ferramentas exigidas nos programas de integridade e *compliance*, e responsável pelo dinamismo de um Código de Conduta, pois permite que quaisquer pessoas que interajam direta ou indiretamente manifestem críticas ou relatem suspeitas de irregularidades e desvios de conduta. Pode ser ativado por meio de um endereço exclusivo na Internet, informado no *site* da empresa ou um canal telefônico independente 0800. Havendo na organização um *ombudsman*, este poderá ficar encarregado de receber, além das queixas e reclamações de todas as partes interessadas, as denúncias de violação do código. Vai caber a ele, neste caso, encaminhar ao coordenador do Comitê todas as denúncias que envolverem, especificamente, violações ao Código. Existe a alternativa de se definir a Auditoria Interna como receptora das denúncias, as quais, estando relacionadas a violações do Código, deverão ser encaminhadas ao Comitê. Há no mercado atualmente empresas independentes que se encarregam de receber e encaminhar as denúncias ao Comitê, acompanhá-las e manter um serviço estatístico de número e natureza das denúncias, andamento e conclusões. De novo, o porte da organização e o número de processos que vierem a ocorrer ajudam a definir a escolha do canal de denúncias.

Sobre esse item desenvolveremos um pouco mais nos itens 5.3 e 5.4, Códigos de Conduta e Programas de Integridade e Códigos de Conduta e Canais de denúncias, respectivamente.

A primeira tarefa do coordenador do Comitê, com relação a qualquer denúncia recebida, é verificar sua *admissibilidade*, ou seja, se efetivamente se trata de violação do Código e se contém as informações básicas que viabilizem a investigação na fase de processamento. As *denúncias anônimas* são um problema à parte: conceitualmente, como uma função especial do Código de Conduta é contribuir para a criação de um clima de confiança, a aceitação de denúncias anônimas soa como uma excrescência. Todavia, há denúncias dessa natureza que oferecem elementos razoáveis para que se proceda à investigação, e muitas empresas optam por acolhê-las. Imagine uma denúncia anônima contra determinado líder, atribuindo-lhe o uso indevido de bens da empresa, com indicação de várias testemunhas, ou o envolvimento em queixas-crime no âmbito na justiça criminal, inclusive com a indicação do número dos processos, Vara, etc. Uma rejeição "tout court" dessa denúncia, apenas por ser anônima, poderá privar a empresa de apurar fatos verídicos e inconvenientes.

Quando a denúncia envolver infrações de outros normativos da empresa que não o Código de Conduta, deverá o coordenador encaminhar o assunto para o setor competente e dessa providência dar conhecimento imediato ao denunciante. Essa comunicação permanente com o denunciante é um elemento de engrandecimento do papel do Comitê perante toda a organização;

    b) Aceita, pelo Coordenador, a denúncia, deverá ser escolhido, dentre os membros do Comitê, um Relator para cada caso:

Deve-se obedecer a um sistema de rodízio e garantir que todos tragam a sua contribuição e que, ao mesmo tempo, se evite distribuição desigual de tarefas. Caberá ao relator notificar o denunciante de que está assumindo a condução do processo. É muito importante para a credibilidade do Comitê que os denunciantes sejam mantidos a par do andamento de suas denúncias.

Deve-se também atribuir ao relator um prazo para que ele apresente seu relatório (v. alínea "d.iv", a seguir).

Pode o relator declarar-se impedido de aceitar determinado processo, por configurar qualquer situação de conflitos de interesses. Nesse detalhe, as empresas têm comportamentos diferentes: algumas aceitam a declaração de impedimento sem perguntar os motivos, outras pedem que esses motivos sejam revelados e registrados.

c) para levar adiante o seu trabalho, o Relator poderá recorrer a outras áreas da empresa, como Jurídico, Auditoria, Recursos Humanos etc. às quais endereçará seus pedidos de informações, sempre por escrito. Colherá, além disso, o depoimento não só das partes envolvidas (denunciante e denunciado) como de testemunhas, às quais poderá ser oferecida a opção de sigilo de seu nome. Esse detalhe é importante, porque, no caso de colegas de trabalho, costuma haver alguma relutância em oferecer, por exemplo, um depoimento incriminatório que possa chegar ao conhecimento do acusado. Em casos como este, o relator poderá oferecer ao depoente a garantia de que seu nome ficará no âmbito exclusivo do Comitê. Há aqui um detalhe curioso com relação ao que se faz na justiça criminal, na qual o nome de todos os envolvidos não comporta – salvo raras exceções – sigilo, ou seja, os acusados têm o direito legal de conhecer os nomes dos depoentes. Acontece que o RICE deve ser de conhecimento geral (porque disponível no *site* da empresa), e que todos os colaboradores – empregados ou administradores – foram chamados a declarar, no momento de receber seu exemplar do código, que estavam de acordo com todas as disposições dele, o que inclui o RICE. Sendo assim, o sigilo de nomes não pode ser considerado violação de direitos do denunciado, mas uma renúncia a esse direito por ele próprio, como condição prévia para ser admitido como associado;

d) para que os processos cumpram bem sua missão educativa, é importante que sejam tão rápidos quanto possível. Estamos, portanto, falando de prazos, entre os quais:

i) escolha do relator pelo coordenador e distribuição do processo;

ii) coleta de informações e oitiva de envolvidos, como denunciante, denunciados, testemunhas, outras áreas da empresa etc.;

iii) preparo do Relatório Final para ser votado na reunião ordinária ou extraordinária do Comitê;

iv) é desejável que se estabeleça um prazo máximo para trânsito da denúncia, desde seu recebimento pelo coordenador até a remessa da ata da reunião que votou o parecer do relator para a administração. Sugerimos que não se vá além de quatro meses, admitindo-se, em face de razões especiais, que se chegue a seis meses.

e) impedimentos: às vezes, na escolha do relator, pode surgir uma situação de conflito de interesses, ou seja, razões que impeçam o relator de julgar com absoluta isenção (amizade, parentesco, vínculos profissionais etc.). Nesses casos, cabe ao relator declarar seu impedimento, a fim de que o coordenador o substitua na indicação. Dependendo do que for estabelecido no RICE, (i) o impedido pode simplesmente declarar sua impossibilidade de cuidar daquele processo, sem mais comentários, ou (ii) o impedido deverá informar ao coordenador as razões que fundamentam sua decisão. Como nossa grande preocupação é com a cultura de confiança em nosso ambiente de trabalho, inclinamo-nos para a primeira alternativa;

f) pode também acontecer que alguma denúncia aborde problemas de conduta ética que, eventualmente, não estejam expressamente previstos no Código. O processo deverá ser instalado normalmente como "violação de conduta ética" e esses problemas deverão ser considerados na primeira revisão do Código. Por essa razão, é aconselhável que o código sofra sua primeira revisão em até dois anos do lançamento e que essa tarefa seja executada pelo próprio Comitê que estiver na ativa. Daí em diante, as revisões deverão ser feitas à medida que a prática mostrar a necessidade;

g) na primeira reunião de cada ano, deverão ser fixadas e anunciadas as datas das reuniões ordinárias. A experiência vai mostrar qual a periodicidade mais adequada, se mensal, bimestral ou trimestral. As reuniões extraordinárias serão convocada sempre que necessárias, devendo o RICE estabelecer a forma e a antecedência da convocação. Como a coordenação também envolve rodízio, geralmente anual, é conveniente que essa escolha aconteça na primeira reunião do ano;

h) para a parte burocrática do Comitê, um bom caminho é contar com o apoio do departamento jurídico, ou da auditoria interna, ou da secretaria do conselho, ou ainda de recursos humanos, ficando a área eleita encarregada de criar um arquivo totalmente confidencial, cujas regras de acesso deverão ser previstas no RICE. É usual, também, que se provejam serviços de secretaria geral, tanto para as reuniões quanto para convocações, atas, arquivo de processos e o que mais for necessário;

i) uma contribuição importante para a criação de uma cultura ética é a divulgação periódica e regular, pelos meios internos de comunicação, da síntese das decisões do Comitê, devendo-se, porém, levar em conta que a omissão de nomes evita situações de constrangimento e não prejudica, quanto a mérito, a divulgação do que está acontecendo. Ou seja, estamos sugerindo que se crie também uma forma de "jurisprudência" a partir da atuação do Comitê;

j) pelo menos uma vez por ano, o coordenador do Comitê deve enviar para a administração um histórico das atividades exercidas no período, comparativamente, se possível, ao que ocorreu em anos anteriores. Se alguns depoentes exigiram o sigilo de seus nomes, esta condição deverá ser respeitada e os nomes substituídos por "Depoente nº 1", "Depoente nº 2"... O RICE deverá estabelecer, com precisão e clareza, as exceções a esse tipo de procedimento.

5.2.5 Treinamento do Comitê de Ética

Tendo em vista que nem todos os membros do Comitê têm experiência com processos e seus trâmites, parece-nos uma boa ideia submeter todo o Comitê a um período rápido (2 a 4 reuniões) de treinamento, para que se familiarize com o assunto, antes mesmo de que o canal de denúncias ou outros meios de comunicação estejam em pleno funcionamento.

Em princípio, esse treinamento deverá realizar-se por meio de reuniões presenciais, semanais ou quinzenais, com participação de todos os membros do Comitê, sob orientação de sua coordenação e, eventualmente, a colaboração de uma consultoria especializada.

Entre os temas referidos no item anterior, incluem-se:

a) análise crítica das normas do Código de Conduta Ética, com o objetivo de unificar e consolidar a compreensão de todas elas, bem como associá-las a situações prováveis ou já registradas na vivência da organização;

b) análise crítica de todos os itens do RICE, com os mesmos objetivos de convergência de entendimento, abrangência e aplicabilidade;

c) canal de denúncias: estrutura e operação;

d) pedidos de esclarecimentos ou de posições do Comitê, para fins de orientação das pessoas ou setores interessados;

e) violações ao Código: recebimento e processamento de denúncias: documentação interna e relatórios para terceiros;

f) divulgação do Código: iniciativas ou apoio a iniciativas da área de comunicação ou de recursos humanos, sobre temas relativos à cultura ética da organização;

g) acompanhamento dos casos transitados pelo Comitê: cronogramas, estatísticas e jurisprudência;

h) relacionamento com as áreas de *compliance* e de recursos humanos para prevenir conflitos de competência e somar esforços nos processos que demandem investigação ou tragam resultados de interesse geral;

i) agendas de escolha dos membros do Comitê (mandatos, rodízio), de revisões do Código e controles de presença às reuniões;

j) colaboradores e outros *stakeholders*: casos de início ou de ruptura de relações;

k) relacionamento com a administração;

l) outros temas trazidos pelo grupo ao longo do programa de treinamento.

É importante pôr em destaque que uma das mais frequentes causas de insucesso de Códigos de Conduta é a seu desconhecimento – às vezes total – por parte da comunidade atingida. Já encontramos gerentes de grandes empresas que não foram capazes de informar se havia, em sua organização, um Código de Conduta! Mal conhecido, como poderá ser bem praticado? Essa familiarização do pessoal, em todos os níveis, é um trabalho valioso e permanente do Comitê de Ética.

5.2.6 Os Comitês de Ética nas práticas das empresas brasileiras

De acordo com a pesquisa da KPMG: "Pesquisa de maturidade de *compliance* das empresas brasileiras", já citada anteriormente, realizada em 2021, e o "Estudo governança corporativa e mercado de capitais 2021/2022", percebemos os seguintes avanços em relação ao Comitê de Ética:

- 15% não possuem um comitê de ética e *compliance* estabelecido;
- o presidente executivo CEO preside esse comitê em 24% dessas empresas;
- existe *compliance officer* em 18% da amostra;
- membro do conselho de administração preside o comitê de ética em apenas 7% das empresas;
- 80% dos respondentes informaram que o treinamento de ética e conduta foi o principal treinamento aplicado em 2017.

A evolução nos últimos cinco anos pode ser percebida através dos gráficos a seguir:

Gráfico 6 – Quem preside o comitê de ética e *compliance*?

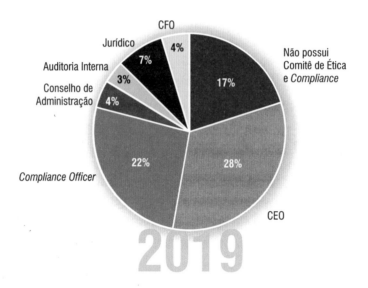

Fonte: Maturidade de compliance das empresas brasileiras - KPMG/2021.

As principais preocupações atuais giram em torno do fato de que os funcionários não possuem conhecimentos dos mecanismos internos de relato e alçada, pouco envolvimento e responsabilização da gerência média, treinamentos exaustivos, com potencial diluição das mensagens, e pouca familiarização dos profissionais com o código de conduta.

5.3 Código de conduta e programas de integridade e *compliance*

Precisamos, inicialmente, compreender a diferença dos conceitos de *compliance* e integridade, para entender a diferença entre os seus respectivos programas e a importância dos códigos de conduta em cada um deles.

De forma bem didática, entendemos *compliance* como estar em conformidade com leis e normas, o que significa que as empresas precisam estar atentas a pelo menos nove campos legais, de acordo com *Compliance: Guia para as Organizações Brasileiras*,[66] onde o campo anticorrupção é um deles. Pontuamos aqui que em 2016 não se falava em Lei Geral de Proteção de Dados (LGPD). Esses oito campos, evidenciados na figura a seguir, são: trabalhistas e direitos humanos, ambiental, concorrencial, anticorrupção, tributário e financeiro, criminal, relacionamento com terceiros e ativos, regulatório e LGPD.

---

66 OAB-MG/IMMC. *Compliance*: guia para as organizações brasileiras. Belo Horizonte: Fórum, 2016.

Figura 24 – Os 9 (nove) campos do compliance

Fonte: Elaboração dos autores.

Em 2015, a Controladoria Geral da União lançou os cadernos *Programa de Integridade: Diretrizes para Empresas Privadas*,[67] e *Guia da Integridade Pública*,[68] explicando e diferenciando programa de integridade e de *compliance*: "Programa de integridade é um programa de *compliance* específico para prevenção, detecção e remediação dos atos lesivos previstos na lei 12.846/2013, que tem como foco, além da ocorrência de suborno, também fraudes nos processos de licitações e execução de contratos com o setor público". Ou seja, um programa de integridade é mais restrito que

---

67 BRASIL. Controladoria Geral da União. *Programa de integridade*: diretrizes para empresas privadas, 2015.
68 BRASIL. Controladoria Geral da União. *Guia para a integridade pública*. 2015.

um programa de *compliance*. De acordo com a nossa figura, o programa de integridade foca apenas os campos anticorrupção e relacionamento com terceiros.

A preservação da integridade civil e criminal na diminuição do grau de exposição e responsabilização da alta administração da organização em relação a potenciais comportamentos irregulares ou ilegais de seus colaboradores tem sido o maior motivador na implantação dos programas de *compliance* e integridade atualmente.

A comprovação de que uma empresa, instituição ou organização tem um programa de *compliance* e integridade é a existência de evidências sobre:

Figura 25 – Evidências de um programa de *compliance*/integridade

Fonte: Elaboração dos autores.

Observe-se que já abordamos praticamente todos esses requisitos nos itens e capítulos anteriores, e reforçaremos o canal de denúncia no próximo item.

Entendemos ser o Código de Conduta a pedra angular desses programas, não por ser só obrigação legal para empresas abertas na bolsa brasileira, nas estatais e nas de capital misto, mas porque é através dele que são definidos, formalizados, e traduzidos os princípios basilares de qualquer organização, direcionando todas as políticas internas e externas.

Em empresas familiares, independentemente do seu ciclo de vida, o código de conduta funciona como o porta voz dos sócios, uma vez que traduzem os seus principais princípios e valores, garantido que sejam internamente compartilhados de forma única. Posteriormente, esses princípios são transformados em condutas aceitáveis e inaceitáveis. Na prática, é a partir de um código de conduta que as principais políticas de relacionamento com os *stakeholders* são priorizadas e montadas de acordo com a dinâmica de evolução da empresa.

Uma empresa familiar em estágio inicial, tendo um código de conduta bem formatado, começa muito bem o seu programa de integridade e *compliance*. Com o desenvolvimento empresarial, o código de conduta deixa de ser suficiente para garantir o padrão de ética desejado e o novo ciclo de evolução passa a exigir a existência de um canal de denúncias, que dará pulso e novos direcionamentos ao código de conduta. Independente, digital, e garantindo o anonimato, esse instrumento é capaz de detectar mais de 50% das fraudes existentes ou processos falhos na empresa, prevenindo e garantindo a imagem e credibilidade da empresa frente à sociedade.

Sintetizando, a estrutura de um programa de integridade em empresas familiares pequenas ou médias é construída passo a passo. Primeiro o código de conduta, depois o canal de denúncias, seguido de um comitê de ética, e a partir da efetividade destes instrumentos a gestão de risco é montada, blindando o que é mais vulnerável e coerente com o ciclo de vida da empresa.

É importante evidenciar de forma bem clara o código de conduta como base das políticas internas e externas de uma empresa. Segundo Castro e Gonçalves,[69] o Código de Conduta de uma organização deve ser incisivo quanto ao comportamento esperado dos agentes internos nas relações com os agentes externos, bem como particulares, remetendo, inclusive, a políticas internas específicas que disciplinem as formalidades de *compliance* exigidas como uma política de relacionamento com agentes públicos, fornecedores, licitações e clientes, por exemplo.

A Lei das Estatais, a Lei 13.303/16, acertadamente dispôs em diversos artigos, as políticas que devem ser vinculadas ao código de conduta da empresa, a saber: política de divulgação de informações e política de distribuição de dividendos no artigo 8º, incisos IV e V, respectivamente; política de transações com partes relacionas no artigo 7º; política de gestão de riscos, no artigo 9º; política de indicação de administradores, no artigo 10, e a política de porta-vozes, no artigo 11.

5.4 Código de conduta e canais de denúncia

O canal de denúncias, além de ser um requisito legal básico de um programa de *compliance* e integridade,

- cria um ambiente de controle que permite monitorar as ocorrências de eventos de desvio de conduta;
- detecta tempestivamente esquema de fraude (51% dos desvios de fraude são detectados através de um canal de denúncias);
- é uma demonstração cabal do dever de diligência;
- cria percepção positiva no público interno e demais *stakeholders* da organização;

---

69 CASTRO, Rodrigo Pironti Aguirre de; GONÇALVES, Francine Silva Pacheco. *Compliance e gestão de riscos nas empresas estatais*. Belo Horizonte: Fórum, 2018. 172 p.

- produz e guarda evidências documentais para possíveis atenuações da responsabilidade civil, criminal e administrativa; e, por fim, e o que mais nos interessa nesta obra,
- promove a cultura ética nas relações internas e externas da organização.

Para que seja uma ferramenta eficiente, precisa atender a um requisito essencial, que é o de garantir a confidencialidade, com o sigilo do conteúdo relatado e a proteção da identidade do denunciante, permitindo a realização de denúncias anônimas.

A proteção e a vedação de retaliação aos denunciantes são informações que devem constar do código de conduta. A Lei de Acesso à Informação, Lei 12.527/11,[70] prevê a proteção das informações do denunciante de boa fé e só permite a disponibilização de seu conteúdo em casos de extrema necessidade.

A disponibilidade do canal de denúncias deve ser integral, 24 horas por dia, 7 dias por semana, para que o relatante se sinta à vontade em formular suas manifestações fora do horário comercial e ausente do ambiente da empresa. E disponibilizar também uma linha ética, canal telefônico 0800 atenderá aos que não tiverem acesso à Internet. De acordo com a pesquisa "Maturidade em *compliance* das empresas brasileiras 2021", temos que 91% das empresas respondentes possuem canal de denúncia, contra 85%, em 2019.

---

[70] BRASIL. Lei 12.527/11 – Lei de Acesso a Informação. Disponível em: http://www.planalto.gov.br/ccivil_03/_ato2011-2014/2011/lei/l12527.htm.

Gráfico 7 – A linha ética/canal de denúncias da sua empresa está disponível para os públicos interno e externo?

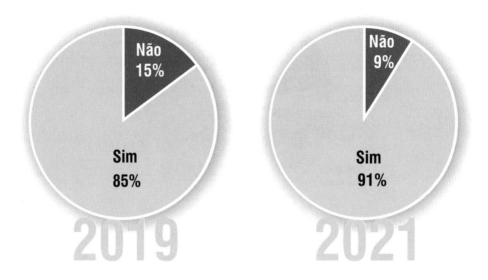

Informação não capturada em 2015 e 2016.
Fonte: Pesquisa KPMG: Maturidade em compliance das empresas brasileiras 2021.

A análise preliminar dos fatos narrados não deve possuir caráter punitivo, e os elementos identificados devem ser apresentados ao Comitê de Ética, que deliberará sobre a abertura ou não de procedimentos investigativos.

A gestão do código de conduta inclui o desenvolvimento e análise de indicadores de desempenho de *compliance*, boa parte deles vindos das informações do canal de denúncias, baseado no descumprimento do código de conduta. Através dessa análise, atualizações no código e políticas internas são feitas e novas são criadas.

Gráfico 8 – Responsável pela gestão do canal de denúncias

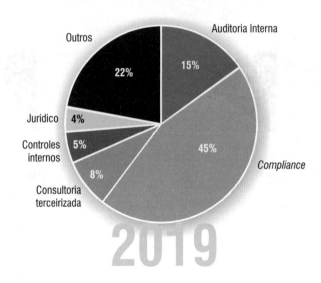

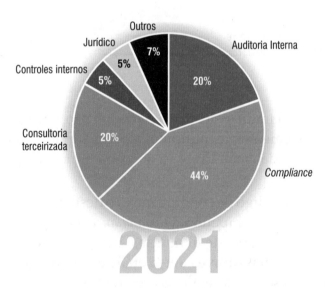

Fonte: Pesquisa KPMG: Maturidade em compliance das empresas brasileiras 2021.

Postulamos a total independência do canal de denúncia, para garantir a credibilidade desse instrumento perante o público interno e que as denúncias sejam remetidas para serem tratadas ao Conselho de Ética da companhia.

5.5 A exigência da qualidade e efetividade do código de conduta: empresa pró-ética, ISO 19.600 e Leis 12.846/13 e 13.303/16

Com frequência, identificamos em nossas consultorias os chamados "códigos de gaveta" ou "códigos pró-forma". São códigos elaborados sob o argumento de que a simples existência dos mesmos serviria como atenuante de pena em caso da existência de qualquer problema. São códigos normalmente não adequados à realidade de suas empresas, que não tratam sobre aspectos intrínsecos à sua organização, de seus riscos, de seus *stakeholders* e que não utilizam a linguagem praticada no meio em que são elaborados.

A Lei Anticorrupção, Lei 12.846/13, no seu artigo 8º, disciplina que será levada em consideração na aplicação de suas sanções, como critério atenuante de penalidades, a "aplicação efetiva dos códigos de ética e conduta no âmbito da pessoa jurídica", e o decreto federal regulamentador da Lei 8.420/2015[71] reforça esse raciocínio em seu artigo 41, parágrafo único:

> Art. 41. Para fins do disposto neste Decreto, programa de integridade consiste, no âmbito de uma pessoa jurídica, no conjunto de mecanismos e procedimentos internos de integridade, auditoria e incentivo à denúncia de irregularidades *e na aplicação efetiva de códigos de ética e de conduta, políticas e diretrizes com objetivo de detectar e sanar desvios, fraudes, irregularidades e atos ilícitos praticados contra a administração pública, nacional ou estrangeira.*

---

71 BRASIL. Decreto 8.420/2015. Disponível em: http://www.planalto.gov.br/ccivil_03/_Ato2015-2018/2015/Decreto/D8420.htm.

Parágrafo Único. O programa de integridade deve ser estruturado, aplicado e atualizado de acordo com as características e riscos atuais das atividades de cada pessoa jurídica, a qual por sua vez deve garantir o constante aprimoramento e adaptação do referido programa, visando garantir sua efetividade.

Ao envolver os *stakeholders* da empresa, a estrutura de *compliance* prevê o esforço institucional direcionado ao mapeamento, a classificação e ao engajamento desses públicos, sob o ponto de vista de risco por parte da organização. Qualquer *stakeholder* considerado estratégico que não cumpra ou não esteja atento ou em sintonia com os valores e mitigando riscos referentes aos campos legais no item anterior mencionados, se incorrerem em irregularidades, provoca a penalização da organização de forma solidária.

Isso significa a necessária divulgação ampla do código de conduta, não só ao público interno, como externo, de forma virtual, através do *site* e intranet da empresa, de maneira física, aos funcionários, fornecedores e terceiros, bem como a disponibilização de exemplares do código de conduta em todos os setores da organização.

Ao realizar a entrega do código de conduta a qualquer *stakeholders*, aconselhamos fazê-lo por meio físico ou eletrônico, mediante assinatura do termo de declaração de ciência e protocolo de recebimento, a fim de que esses não justifiquem não conformidades devido ao desconhecimento da existência e do conteúdo do código de conduta. A credibilidade e a reputação hoje de qualquer instituição ou organização podem ser duramente afetadas pela desatenção de qualquer um dos *stakeholders*.

Ganham força também nos últimos anos no Brasil a avaliação dos programas de integridade, a procura pelo cadastro CGU Empresa PRÓ-ÉTICA e das certificações de qualidade em *compliance* ISO 19.600. A avaliação desses programas tem um foco preciso nos padrões de conduta e na qualidade, efetividade e abrangência dos códigos de conduta.

Em dezembro de 2010, durante as comemorações do Dia Internacional de Combate à Corrupção, a Controladoria-Geral da União (CGU) e o Instituto Ethos de Empresas e Responsabilidade Social instituíram o Cadastro Empresa Pró-Ética, iniciativa pioneira na América Latina, criada para promover junto ao setor empresarial a adoção voluntária de medidas de integridade e de prevenção da corrupção, fomentando a criação de um ambiente corporativo mais íntegro, ético e transparente.

O Questionário PRÓ-ÉTICA 2018/2019[72] de avaliação das empresas é composto por seis áreas específicas:

- comprometimento da alta direção e compromisso com a ética;
- políticas e procedimentos;
- comunicação e treinamento;
- canais de denúncia e remediação;
- análise de risco e monitoramento; e
- transparência e responsabilidade social.

Na Área II, que se refere a Políticas e Procedimentos, o primeiro tópico, Padrões de Conduta, solicita:

Anexe o documento que estabelece os padrões de conduta para os funcionários e dirigentes da empresa (geralmente conhecido como Código de Ética ou Código de Conduta), juntamente com o respectivo ato de aprovação pela alta direção.

5. * Indique o link na internet onde é possível acessar o documento informado no item anterior, em Português.

* Conforme art. 11 do Regulamento, trata-se de medida mínima, de caráter eliminatório.

6. Anexe o documento que estabelece os padrões de conduta aplicáveis aos parceiros de negócios da empresa.

7. Anexe todas as políticas e normativos formalizados pela empresa que tenham relação com o programa de integridade, que incluam, no mínimo, os seguintes temas:

· Relacionamento e interação com o poder público

· Participação em processos licitatórios e acompanhamento da execução de contratos administrativos

· Doações filantrópicas e patrocínios

---

[72] BRASIL. Controladoria Geral da União. Questionário PRÓ-ÉTICA 2018/2019. CGU Disponível em: http://www.cgu.gov.br/assuntos/etica-e-integridade/empresa-pro-etica/arquivos/documentos-e-manuais/questionario-pro-etica-2018-2019.pdf/view.

O decreto federal regulamentador da Lei Anticorrupção chama a atenção, em seu quadragésimo segundo artigo, do requisito de avaliação de programas de integridade da inclusão da disposição de padrões de conduta estabelecidos pela empresa estendidos a terceiros, a saber:

> Art. 42. Para fins do disposto no §4º do art. 5º, o programa de integridade será avaliado, quanto a sua existência e aplicação, de acordo com os seguintes parâmetros.
>
> III – padrões de conduta, código de ética e políticas de integridade estendidas, quando necessário, a terceiros, tais como, fornecedores, prestadores de serviço, agentes intermediários e associados;

No mesmo sentido a ISO 19.600: Sistema de gestão de *compliance*[73] chama a atenção sobre a terceirização de operações de uma empresa, orientando-as à realização de um processo de *due dilligence* efetiva que assegure que as normas, padrões de conduta e procedimentos não sejam reduzidos.

---

73 BRASIL. Controladoria Geral da União. Questionário PRÓ-ÉTICA 2018/2019. CGU Disponível em: http://www.cgu.gov.br/assuntos/etica-e-integridade/empresa-pro-etica/arquivos/documentos-e-manuais/questionario-pro-etica-2018-2019.pdf/view.

Resumo: Uma boa gestão do código de conduta é que fará dele um instrumento vivo e sustentável ao longo do tempo. Para isso é necessário que o processo tenha um responsável de credibilidade dentro da empresa, para gerenciar sua manutenção e atualização. Acreditamos e sugerimos o comitê de ética, grupo multissetorial ligado ao conselho, a melhor instância para assumir essa responsabilidade de excepcional importância no projeto de implantação de uma cultura ética em qualquer organização. Esse comitê é regido por um Regimento Interno do Comitê de Ética – RICE, que especifica a sua composição, organização e áreas de atuação, determina as funções e deveres do seu coordenador e membros, ao comitê de ética. Foram abordados, com abundância de detalhes: a) composição e operação; b) áreas de atuação; c) reuniões periódicas; d) treinamento do comitê; e) regimento interno (orientação para elaboração e exemplo prático). Terminamos este tópico apresentando a atual situação dos comitês de ética nas empresas brasileiras.

Os códigos de conduta são o coração dos programas de *compliance* e integridade e é a partir dele que são definidas as principais políticas internas e as referentes aos *stakeholders* da empresa. Os canais de denúncia, outro importante instrumento dos programas de *compliance* e integridade balizam a qualidade das políticas e condutas do código fornecendo elementos necessários a sua atualização anualmente.

Tem crescido a importância da avaliação da qualidade dos códigos via selos éticos, ISOs internacionais de qualidade e exigências legais. Exemplificamos isso com Empresa PRÓ-ÉTICA, ISO 19600, Lei 13.303/16 e Lei 12.846/13

Palavras-chave: Gestão do código de conduta. Capacitação de facilitadores. Comitê de ética. Coordenador do comitê de ética. Treinamento do comitê de ética. RICE: Regime Interno do Comitê de Ética. Programas de integridade. Programas de *compliance*. Canais de denúncia. Empresa PRO-ÉTICA. ISO 19.600. Lei 12.846/13. Lei 13.303/13. Decreto 8.420/15.

CONCLUSÃO

CÓDIGO DE CONDUTA: A PONTE ENTRE A ÉTICA E A EMPRESA

Em nossa coleção de códigos de conduta, temos especial apreço por um deles, de apenas 6 páginas de 15 x 21 cm, distribuído por uma universidade suíça,[74] uma das 5 maiores da Europa, o Instituto Federal de Tecnologia de Zurique (ETH Eidgenössische Technische Hochschule Zürich). Todas as recomendações que faz giram em torno da palavra **Respeito** e exibe coisas tão curiosas como: *Rir é recomendado, desde que respeitosamente. Defender suas ideias é recomendado, desde que respeitosamente. Flertar é permitido, desde que respeitosamente. Discordar é permitido, desde que respeitosamente.* Ou seja, temos ampla liberdade de agir, desde que com respeito! A palavra "ética" não aparece nem uma vez, nem é necessária. O objetivo me parece claro: construir uma "cultura ética" em torno de um princípio ético fundamental: o **Respeito**. Vejam os leitores que dedicamos as páginas anteriores deste livro para mostrar que o código de conduta é o instrumento por excelência para implantar esse projeto e assegurar o seu sucesso.

---

74 Código de Conduta do Instituto Federal de Tecnologia de Zurique.

Antes de existir a impressora, criada por Gutenberg no século XV, as Escrituras Sagradas eram copiadas a mão por um grupo de especialistas, conhecidos como "escribas", que as transcreviam, página por página – às vezes convertendo as iluminuras, ou seja, as iniciais de página ou parágrafo, em autênticas e admiráveis obras de arte. Suas "canetas" eram penas de ganso, as Montblanc da Idade Média... Um detalhe impressionante dessa tarefa era que cada vez que encontrava a palavra "Deus" (Adonai), o escriba jogava a pena usada fora e passava a usar uma nova. Não se devia escrever "Deus" com uma pena usada, por uma questão de **Respeito**! Hoje, a palavra "Deus" se converteu em interjeição de uso muito frequente: Deus me livre! Se Deus quiser! E também: Nossa! Que absurdo! (Estamos falando de Nossa Senhora...). Onde foi parar o **Respeito**? Nem o Tinhoso ficou de fora: Que diabo de história é essa?!

Médico, filósofo, conferencista, organista de mão cheia, um dos dois "Alberts" mais notáveis do século XX, Albert Schweitzer (o outro era o Einstein) usava o dinheiro que ganhava em suas turnês como concertista e conferencista pela Europa para construir e manter um hospital em Lambarené, na África, do qual um diferencial interessante era admitir a internação da família inteira, não apenas do doente (em tão boa companhia, a cura se tornava mais fácil...). Ao começar a desenvolver o projeto de construção, Schweitzer notou que o terreno escolhido abrigava vários formigueiros. Surpreendentemente, determinou que se encontrasse outro lugar, no qual não fosse necessário destruir os formigueiros. O **Respeito pela Vida** era uma crença fundamental de sua filosofia, tão bem exposta no livro *Minha vida, minhas ideias*.[75] Falecido em 1965, foi sepultado na Europa, mas o coração, por decisão dele, foi guardado no Albert Schweitzer Hospital, em Lambarené.

Os códigos de trânsito, ou os códigos penais, por mais bem elaborados que sejam, estão longe de conseguir seus objetivos centrais: evitar acidentes, evitar crimes. O que está faltando? Simples: RESPEITO pelos códigos, que

---

75 SCHWEITZER, Albert. *Minha vida, minhas ideias*.

equivale ao **Respeito pela Ética**. Como RESPEITO é um dos princípios basilares da Ética, estamos, deliberadamente, promovendo uma inversão de ordem ao pensar em **Respeito**, em primeiro lugar, pela Ética, em segundo. E se há **Respeito**, pode-se admitir a existência do **Desrespeito à Ética** em seu papel de ciência da moral (como muito felizmente a define Adolfo Sánchez Vázquez). Vamos analisar objetivamente as duas faces dessa moeda:

a) estamos desrespeitando a Ética quando a encaramos como um conjunto de regras, regimentos, normas, leis etc. de cumprimento obrigatório, ou seja, quando rebaixamos a Ética ao nível do *compliance*, desconsiderando sua verdadeira natureza que é a *opção* pelo BEM. Muito diferente!

b) outra forma muito comum de desrespeito pela Ética é considerá-la apenas como a antítese de *corrupção* – uma palavra que estamos ouvindo a cada instante, de uns tempos para cá. Enquanto a Ética vem ocupando cada vez maior espaço em nossa cultura, e tem tudo para não mudar de direção, a corrupção entrou na categoria das "espécies em extinção", o que quer dizer que está perdendo e vai continuar a perder substância a cada dia que passa. Nada de otimismo irresponsável nessa posição. Basta atentar para os seguintes fatos de fácil comprovação:

   i) não existe mais garantia de sigilo total, nem nas conversas superconfidenciais do presidente da República;

   ii) em tempos de "delação premiada", não se pode contar com "cumplicidades confiáveis";

   iii) nosso passado recente, no Brasil, confirma que a certeza de impunidade nos altos escalões (neste país tudo acaba em pizza!) já não tem mais razão de ser;

   iv) o desaparecimento dos "paraísos fiscais" e do próprio papel-moeda – uma simples questão de tempo – traz mais um sério complicador para a prática da corrupção, que é "onde esconder o dinheiro?" Mesmo hoje, certas malas já chamam muito a atenção.

Haveria ainda uma série de fatores que vaticinam a queda da corrupção ao nível dos "ladrões de galinhas", mas o que ficou acima exposto nos parece suficiente para compormos um *Réquiem* para a corrupção e desautorizar qualquer conceituação de Ética que a tenha como ponto de referência.

Devemos cuidar agora das formas de **Respeito pela Ética**. A evolução do papel das empresas na sociedade, especialmente no século XX e neste começo do XXI, é muito animadora como indicadora de tendências. Friedman defendia que as empresas existiam para criar riqueza para os sócios. Hoje, defendemos que elas são indissociáveis da sociedade como um todo e que sua missão é criar valor para a sociedade, a começar pelos sócios. Nesse papel, serão as empresas os mais fortes fatores de influência no rumo das mudanças já em curso. Grandes empregadoras, propulsoras e beneficiárias dos progressos da ciência, inimigas dos desperdícios (que são *custos*!), buscadoras incansáveis de novos mercados, promotoras da diversidade, laboratórios de solidariedade e companheirismo, têm elas plenas condições de influir positivamente no rumo das mudanças sociais cada vez mais balizadas pela ideia do *bem comum*.

Nessa longa e firme caminhada para uma sociedade mais justa, alguns conceitos arraigados serão necessariamente revistos e poderíamos destacar:

i) os conceitos de PODER e de AUTORIDADE passam a agregar o de RESPONSABILIDADE, isto é, os pais são responsáveis pelo sucesso de seus filhos, os professores pelo êxito dos alunos, os líderes pelo sucesso dos liderados, os governantes pelo progresso do país;

ii) a dominância dos princípios econômicos nas decisões da sociedade vai cedendo lugar à prevalência dos princípios éticos. Afinal, são os mercados que criam as empresas, não o inverso. Ou podemos supor que os 700 milhões de pessoas do Ocidente vão continuar a predestinar os 7 bilhões de habitantes do mundo? Basta lembrar que 1/3 desse total está em dois dos países que mais crescem (China e Índia);

iii) a ideia de ELITE como minoria detentora de muito poder e/ou muito dinheiro perdeu suporte em face da razão e da lógica e vai sendo substituída pela concepção da Elite como o conjunto amplamente majoritário das pessoas de bem que, em qualquer classe social ou ocupação profissional, trabalham o tempo todo na construção de um mundo melhor.

Importante observar que, na visão de uma sociedade orientada basicamente por princípios econômicos, a NOTÍCIA era apenas "mais uma" mercadoria e, portanto, deveria responder ao interesse de "vender mais". Com isso, chegamos a esse absurdo do "MAL como notícia" que infecta nossas telas –como noticiários, filmes violentos, novelas, com o invariável roteiro de "quem contra quem" – e produz efeitos tristemente negativos, principalmente entre os jovens. Será fácil concluirmos que o processo de transição do "século do mercado" (XX) para o "século da ética" (XXI) está concluído: quando o BEM for notícia!

Código de conduta *versus* Banalidade do mal

Para finalizar não podemos deixar de pontuar o perigo da banalidade do mal no contraponto à formação da cultura ética empresarial. O conceito da "banalidade do mal" foi desenvolvido pela filósofa judia de origem alemã, Hannah Arendt (1906-1975), que se consagrou como uma das mais influentes filósofas políticas do século XX, desenvolvendo conceitos inovadores e corajosos, sendo altamente criticada naquela época por ter levantado questões sobre a ação cruel que conduziu ao holocausto grande parte dos judeus.

A teoria da "Banalidade do mal", lançada por ela no seu livro *Eichmann em Jerusalém: um relato sobre a banalidade do mal*, se tornou um desafio ameaçador a toda e qualquer sociedade e cultura. Esse livro trata do julgamento de Adolf Eichmann em Jerusalém, um oficial da SS responsável por organizar a logística para a "solução final", plano nazista para a extermínação dos judeus na Alemanha e seus territórios ocupados naquela época. As reflexões de Hannah são decorrentes de seu acompanhamento presencial nesse Julgamento, quando suas observações e percepções levantaram a questão do "quão comum" seria Eichmann, no cumprimento das ordens recebidas e de quão desprovido ele era de senso de pensamento crítico, no sentido de não questionar o que estava fazendo. Em Israel, ela percebeu algo que ninguém imaginava. Eichmann não era um monstro cruel e antissemita convicto. Em seu livro, Arendt ressalta que ele era tão medíocre que nem conseguiu subir para uma patente alta na hierarquia militar. Essa obra causou polêmica, sobretudo entre a comunidade judaica, que acusou Arendt de ter minimizado o mal cometido por Eichmann e por nazistas como ele. A partir dessa percepção, Hannah Arendt defende que, como resultado da massificação da sociedade contemporânea, se criou uma multidão incapaz de fazer julgamentos morais, razão porque aceitam e cumprem ordens sem questionar. Eichmann foi simplesmente um exemplo de como pessoas comuns são capazes de praticar o mal ilimitado. E, nessa esteira, o mal torna-se banal, não mais considerado como algo surpreendente, fruto de mentes doentias, mas como um aspecto da sociedade, em que pessoas comuns o praticam. Hannah Arendt ousou analisar o mal não pelo viés moral, mas pelo viés político. Além dessa análise, causou polêmicas quando provou que o nazismo teve a força que teve porque judeus e instituições judaicas se submeteram à causa "nazi", cumprindo suas diretrizes sem questionar ou utilizando o argumento de que isso diminuiria a perseguição, o que foi sintetizado na expressão: "Em nome de interesses pessoais, muitos abdicam do pensamento crítico, engolem abusos e sorriem para quem os desprezam. Abdicar de pensar também é crime".

Podemos perceber como a banalidade do mal tem estado presente e é real em todos os sentidos da vida e em todos os lugares do mundo globalizado e interconectado, principalmente nas empresas e organizações publicas e privadas. Só dentro deste racional encontramos explicação para o Brasil ter se tornado o *benchmarking* mundial em corrupção em termos de capilaridade... Décadas fortalecendo um esquema de relacionamento espúrio entre os setores público e privado. Quantos servidores e gestores privados deixam de se posicionar ao se depararem com situação de pouca qualidade moral e ética por achar simplesmente que não era importante e que não valia a pena a exposição? E o quanto esta percepção e postura ainda é comum e defendida nas atuais estruturas corporativas e governamentais brasileiras?

Pontuamos a importância de os códigos de conduta operarem nos níveis corporativos institucionais e simbólicos no nosso segundo capítulo. Um código de conduta de alta qualidade, além de evidenciar imparcialidade e aplicabilidade a todos os colaboradores, consensa limites de comportamento e expectativas, assim como deixa claro também um modelo profissional daquilo que é necessário e principalmente do que é desejável. O CÓDIGO DE CONDUTA deve estimular o público interno não só a desenvolver senso crítico na direção das políticas corporativas vigentes, como a se posicionar frente a elas. O monitoramento do clima organizacional sob o ponto de vista ético, a eficácia dos canais de denúncia e uma boa gestão do código de conduta são ferramentas valiosíssimas para o estímulo das condutas desejáveis capazes de neutralizar a banalidade do mal.

REFERÊNCIAS

AMNESTY INTERNATIONAL. A anistia internacional forma uma comunidade global de defensores dos Direitos Humanos. 2003. Disponível em: http://www.br.amnesty.org/index_acercadeai.shtml.

ANDRADE, Adriana; ROSSETTI, José Paschoal Rossetti. *Governança corporativa:* fundamentos, desenvolvimento e tendências. São Paulo: Atlas, 2014.

ARISTÓTELES. Athenians Constitute. Disponível em: http://classics.mit.edu/Aristotle/athenian_const.1.1.html. Acesso em: 16 set. 2018.

BONAPARTE, Napoleão. *Memórias de Santa Helena*. Porto Alegre: Edições Meridiano, 1941. 168 p.

BRASIL. Controladoria Geral da União. *Guia para a integridade pública*. 2015.

BRASIL. Controladoria Geral da União. *Programa de integridade*: diretrizes para empresas privadas, 2015.

BRASIL. Controladoria Geral da União. Questionário PRÓ-ÉTICA 2018/2019. CGU Disponível em: http://www.cgu.gov.br/assuntos/etica-e-integridade/empresa-pro-etica/arquivos/documentos-e-manuais/questionario-pro-etica-2018-2019.pdf/view.

BRASIL. Decreto 8.420/2015. Disponível em: http://www.planalto.gov.br/ccivil_03/_Ato2015-2018/2015/Decreto/D8420.htm.

BRASIL. Lei 12.527/11 – Lei de Acesso a Informação. Disponível em: http://www.planalto.gov.br/ccivil_03/_ato2011-2014/2011/lei/l12527.htm.

BRASIL. Lei 12.846/13. Lei anticorrupção. Disponível em: http://www2.camara.leg.br/legin/fed/lei/2013/lei-12846-1-agosto-2013-33.

BRASIL. Lei 13.303/16. Lei das Estatais Disponível em: http://www.planalto.gov.br/ccivil_03/_ato2015-2018/2016/lei/l13303.htm.

CARDOSO, Isabel Cristina da Costa. Código de Hamurabi, Código de Manu *e Lei das XII Tábuas*. 3. ed. São Paulo: EDIPRO, 2011.

CARLSSON, Rolf H. *Ownership and value creation*: strategic corporate governance in the new economy. London: Wiley, 2001

CASTELLS, Manuel. *A era da informação*: economia, sociedade e cultura. v. 2. O poder da Identidade. 5. ed. Paz e Terra, 1999.

CASTELLS, Manuel. *Redes de indignação e esperança*: movimentos sociais na era da internet. Tradução Carlos Alberto Medeiros. Rio de Janeiro: Zahar, 2013. 271 p.

CASTRO, Rodrigo Pironti Aguirre de; GONÇALVES, Francine Silva Pacheco. *compliance e gestão de riscos nas empresas estatais*. Belo Horizonte: Fórum, 2018. 172.p

CAUDEX. verbete. Disponível em: http://www.priberam.pt/DLPO/.

COASE, R. H. (1937). The nature of firm. In: WILLIAMSON, O.; WINTER, S. (Ed.). *The nature of firm*: origins, evolution and development. Oxford: Oxford University Press, 1993.

CODE OF CONDUCT FOR THE MEMBERS OF THE EUROPEAN COMMISSION 2018. Disponível em: https://ec.europa.eu/info/sites/info/files/code-of-conduct-for-commissioners-2018_en_0.pdf.

CÓDIGO de Conduta Suíço.

CÓDIGO DE NUREMBERG. 1947. Disponível em: http://www.gtp.org.br/new/documentos/nuremberg.pdf. Acesso em: 17 set. 2018.

COZER, Matheus Tavares da Silva. *A retórica da governança corporativa*: uma abordagem em um ambiente de capitalismo de laços. FEI, 2011.

CUNHA, Milmir. *A eficácia das aulas de defesa pessoal no curso de formação de oficiais*. Belo Horizonte: Centro de Ensino de Graduação PMMG, 2004.

DIAMOND, A. S. *Primitive law*: past and present. Londres: Routledge Library Editions, 2004.

DINGLEDY, Frederick W. *The Corpus Juris Civilis*: a guide to its history and use, legal reference services quarterly. 2016. 35:4, 231-255, DOI: 10.1080/0270319X.2016.1239484.

DINIZ, D.; CORRÊA, M. Declaração de Helsinki: relativismo e vulnerabilidade. *Caderno de Saúde Pública*, Rio de Janeiro, v. 17, n. 3, 2001.

ECGI CODES: Disponível em: https://ecgi.global/content/codes.

ECO, Umberto. *Pendolo di Foucault*. Milão: Bompiani Editore, 1988.

ELIAS, Norbert. *O processo civilizador*: uma história dos costumes. Rio de Janeiro: Jorge Zahar Editor, 1994.

ELKINGTON, John. *Cannibals with forks*: triple bottom line of 21st century business. London: Wiley, 1997.

Ellisen, Stanley. Conheça melhor o Antigo Testamento: um guia com esboços e gráficos explicativos dos primeiros 39 livros da Bíblia. São Paulo: Editora Vida, 2007

ENGELMANN, Wilson. *Direito Natural, ética e hermenêutica*. Porto Alegre: Livraria do Advogado, 2007.

FIGUEIREDO, A. M. de. Diretrizes éticas internacionais em pesquisa: crítica à declaração de Helsinki. *Derecho y Cambio Social*, Lima, 2011.

FREITAS, M. E. *Cultura organizacional*: evolução crítica. São Paulo: Cengage Learning, 2010.

FRIEDMAN, Milton. *Capitalism state, the liberty*. University of Chicago Press, 1962.

GOOD Practice Principles were produced by the OECD Working Party of Senior Digital Government Officials (E-leaders) and are the result of the activities of its Thematic Group on Data-driven Public Sector. Between 2019 and 2020, the Thematic Group on Data-driven Public Sector was co-led by the OECD Digital Government and Data Unit and the Netherland's Ministry of the Interior and Kingdom Relations with the participation from OECD member and partner countries.

GSMA. https://www.gsma.com/betterfuture/digitaldeclaration.

HILB, Maartin. A nova Governança Corporativa. *A nova Governança Corporativa*: ferramentas bem sucedidas para conselhos de administração, 2009.

HUGO, Victor. *Os miseráveis*. Lisboa: Minerva, 1962. (Volume I: Fantine/Livro sétimo: O processo de Champmathieu/XI. Champmathieu cada vez mais admirado).

IBGC. *Código de Boas Práticas de Governança Corporativa*. 5. ed. 2015. Disponível em: http://www.ibgc.org.br/userfiles/files/Publicacoes/Publicacao-IBGCCodigo-CodigodasMelhoresPraticasdeGC-5aEdicao.pdf.

IIA. Institute of Internal Auditors. Código de Ética e Normas Internacionais para a Prática Professional da Auditoria Interna – IPPF. Tradução: Instituto de Auditores Internos do Brasil, 2017. Disponível em: https://iiabrasil.org.br// ippf. Acesso em: 12 nov. 2020.

INSTITUTO BRASILEIRO DE GOVERNANÇA CORPORATIVA. Código Brasileiro de Governança Corporativa: Companhias Abertas/Grupo de Trabalho Interagentes; coordenação. São Paulo, SP: IBGC, 2016. 64 p.

JENSEN, Michael C.; MECKLING, William H. The nature of man. *Journal of Applied Corporate Finance*, v. 7, n. 2, 1994.

KAPLAN, Robert S.; NORTON, David P. *Execução premium*. São Paulo: Elsevier, 2009.

KPMG. Maturidade de *compliance* das empresas brasileiras, 2021.

KPMG. Pesquisa Governança Corporativa e mercado de capitais, 2018 e 2019.

KPMG/2018. *Maturidade de compliance das empresas brasileiras*.

KPMG/FDC. *Retratos de Família*. 3. ed. Disponível em: https://home.kpmg.com/br/pt/home/

insights/2018/11/retratos-de-familia-3a-edicao.html.

KPMG: *Governança corporativa e mercado de capitais 2018/2019*. 13. ed. Disponível em: https://assets.kpmg.com/content/dam/kpmg/br/pdf/2018/12/governca-corporativa-mercado-capitais.pdf.

KRAEMER, Heinrich; SPRENGER, James. *Malleus Maleficarum Maleficat & earum haeresim, ut framea potentissima conterens*. Alemenha, 1487.

KRAMER, Samuel Noah. *The Sumerians*: their history, culture, and character. Chicago: University of Chicago Press, 1971.

LANNI, Adriaan. *Law and Justice in the Courts of Classical*. Cambridge: Cambridge University Press, 2006.

LEGGE, James (Trad.). *The Analects of Confucius*. Disponível em: https://ebooks.adelaide.edu.au/c/confucius/c748a/complete.html.

LEGGE, James (Translator). *The SHU King, or book of historical documents*: the sacred books of China. Oxford: The Clarendon Press, 1879.

LHOSA, Mário Vargas. *A civilização do espetáculo*: uma radiografia do nosso tempo e nossa cultura. Rio de Janeiro: Objetiva, 2013.

LYNN JR., Laurence E. *The many faces of Governance*: adaptation?: Transformation?: Both?: Or neither?. The Oxford Handbook of Governance. London: David Levi-Faur, 2012.

MCLUHAN, Marshall. *Os meios de comunicação como extensões do homem*. Nova York: Mc Graw Hill, 1964.

MINHA vida, minhas ideias (REF 68)

MONKS, Robert A. G.; MINOW, Nell. *Watching the watchers*: corporate governance for the 21st century. Oxford: Blackwell Publishers. Inc., 1996.

NASH, Helm. Tradução do sentido do Nobre Alcorão para a Língua Portuguesa. Disponível em: http://www.islamemlinha.com/index.php/biblioteca/ciencias-do-alcorao/item/traducao-do-sentido-do-nobre-alcorao-helmi-nasr. Acesso em: set. 2018.

NITOBE, Inazo. *Bushido*: the soul of Japan, thoughts and essays. Tóquio: University of Tokyo Press, 1972a.

OAB-MG/IMMC. *compliance*: guia para as organizações brasileiras. Belo Horizonte: Fórum, 2016.

OCDE. Organização para a Cooperação e Desenvolvimento Econômico. Draft Policy Framework on Sound Public Governance, 2018. Versão preliminar. Disponível em: https://www.oecd.org/governance/policy-framework-on-sound- –public-governance/. Acesso em: 12 nov. 2020.

OCDE. Organização para a Cooperação e Desenvolvimento Econômico. Diretrizes da OCDE sobre Governança Corporativa de Empresas Estatais, 2015. Disponível em: https://www.oecd.org/publications/diretrizes-da-ocde-sobre-governanca-corporativa-de-empresas-estatais-edicao-2015-9789264181106-pt. htm. Acesso em: 12 nov. 2020.

OCDE. Organização para a Cooperação e Desenvolvimento Econômico. Recomendação do Conselho da OCDE sobre Integridade Pública, 2017. Disponível em: https://www.oecd.org/gov/ethics/integrity-recommendation-brazilian- –portuguese.pdf. Acesso em: 12 nov. 2020.

OCDE. Organização para a Cooperação e Desenvolvimento Econômico. Public Integrity Handbook, 2020. Disponível em: https://www.oecd-ilibrary.org/ sites/ac8ed8e8-en/1/2/1/index.html?itemId=/content/publication/ac8ed8e8-en&_csp_=676f6ac88ad48a9ffd47b74141d0fc42&itemIGO=oecd&itemContentType=book. Acesso em: 12 nov. 2020.

OECD, Ethics codes and codes of conduct as tools for promoting in ethical and professional public service. Comparative Successes and Lessons, 2005. Disponível em: https://www.oecd.org/mena/governance/35521418.pdf.

OECD. Codes of Corporate Conduct: Expanded Review of their Contents. OECD Working Papers on International Investment, 2001/06. Disponível em: http://dx.doi.org/10.1787/206157234626.

ONU. Convenção das Nações Unidas contra a Corrupção. Disponível em: https://www.unodc.org/documents/treaties/UNCAC/Publications/Convention/04-56163_S.pdf.

ORLANDIS, José. *História breve do cristianismo*. Tradução de Osvaldo Aguiar. Lisboa: Rei dos Livros, 1993.

ROVER, Cees de. *Para servir e proteger*: direitos humanos e direito internacional humanitário para forças policiais e de segurança: manual para instrutores. Genebra, 1998.

SANTA CATARINA. Fundação Escola de Governo ENA. Código de conduta e integridade: cartilha do facilitador. Florianópolis, 2018. 38p. Disponível em: http://189.8.192.132:8080/Biblivre5/DigitalMediaController/?id=MTcxOkNhcnRpbGhhIGRvIEZhY2lsaXRhZG9yLnBkZg==. Acesso em: 26 nov. 2018.

SASSOON, John. *Ancient laws and modern problems*: the balance between justice and a legal system. Intellect Books, 2005. p. 168.

SAXO, Grammaticus. *Gesta dannorum*: the history of the danes Oxford University Press, USA, 2015.

SERENA, J. Antonio Clúa. Sólon o la historicidad de la comunicación elegíaca: La elegia a lãs musas y otros fragmentos: problemas actuales. *Norba – Revista de História*, v. 18, 2005.

SOLÉ, A. A. Os impactos do coronavírus na governança: transversalidade, resiliência, integridade e sincronicidade. *RI*, ed. 241, p. 29, maio 2020. Código Brasileiro de Governança Corporativa, 2016, página 16.

SPEISER, E. A. Cunneiform law and the history of civilization. *American Philosophical Society Proceedings*, v. 107, n. 6, 1963.

TRICE, H.; BEYER, J. Studing organizational cultures through rites and ceremonials. *Academy of Management Review*, v. 9, n. 4, 1984.

TwitterFacebookEmailPrintMore219

VASCONCELOS, Sonia M. R.; GRAÇA, Adriana B.; SANTOS, Christiane C.; ROCHA, Karina A.; ANTUNES, Maria Júlia M.; RIBEIRO, Mariana D.; PEDROTTI, Marlise. Uma perspectiva sobre aspectos éticos e regulatórios sobre a pesquisa em seres humanos na pandemia de covid-19. April 29, 2021 10:00, Leave a Comment, SciELO

VELASCO, Manuel. *Breve historia de los vikingos*. Madrid: Ediciones Nowtilus, 2008.

WILLIAMSON, O. *Mechanism of governance*. New York: Oxford University Press, 1996.

YANAGA, C. *Japanese people and politics*. Nova Iorque: John Wiley & Sons Inc., 1964.

YARON, Reuven. *The Laws of Eshnunna*: Londres: Brill Academic Publishers, 1988, p. 19-20.

Esta obra foi composta em fonte Palatino Linotype, corpo 10
e impressa em papel Offset 75g (miolo) e Supremo 250g (capa)
pela Gráfica Paulinelli, em Belo Horizonte/MG.